仕事と愛

スーパーエリートの条件

大川隆法
Ryuho Okawa

新版へのまえがき

本書の旧版『常勝思考ＰＡＲＴ２』は、一九九〇年三月に発刊されて以来、二十代、三十代の若手エリート層から、管理職や経営者にいたるまで、数多くのビジネスマンに愛読されてきました。

一方、ここ数年、ビジネスをめぐる環境《かんきょう》は大きく変化し、未来社会への不透明《ふとうめい》感《かん》が増すとともに、同書で説かれたような真の仕事論を求める人々は、ますます増えてきています。

そこで、今回、その内容をより端的《たんてき》に表す、『仕事と愛』というタイトルに改題の上、改訂《かいてい》新版として再び世に問うことにしました。

大勢の方が、この「幸福の科学的仕事論」を体得して、真の成功を手にされることを、心より願っています。

一九九六年　七月

幸福《こうふく》の科学《かがく》グループ創始者兼総裁《そうししゃけんそうさい》　大川隆法《おおかわりゅうほう》

まえがき

昨年出版された『常勝思考』は、日本全国から多大な反響《はんきょう》を寄せられ、また、数十万部のベストセラーとなり、著者として、たいへん喜びを覚えています。しかし、同書は、総論的人生論であるので、ビジネス世界に生きている人々からは、「各論として、仕事の取り組み方や処世の方法の具体論が聴《き》きたい」という声が私のもとに続々と届けられました。

そこで、今まで私が断片的に考えてきた、仕事の方法論とも言うべきものを、ひとつまとめて披露《ひろう》してみようと思い立ちました。まだまだ仕事全体については書き切れていませんが、仕事世界に対して、その本質、その方法、出世の条件、また、今までとらえられたことのない仕事と愛との関係など、興味尽《つ》きないテーマを追ってみました。

現実に、日々を仕事のなかに生きておられる方にとっては、本書を手に取られ、各章をひもとかれるごとに、さまざまな発見があると思います。

本書は、もちろん、第1章から読んでいただいて結構ですが、各人の関心のままに、どこからでも読み始めてもよい本でもあります。事実、いたるところに人生のヒントがあるでしょう。そして、確実にあなたの夢を拓《ひら》くための方法論となることでしょう。

本書を二読、三読することによって、あなたはビジネス社会の勝者となるのみならず、必ずや人生の王道を驀進《ばくしん》することが可能となることでしょう。

一九九〇年一月

幸福《こうふく》の科学《かがく》グループ創始者兼総裁《そうししゃけんそうさい》　大川隆法《おおかわりゅうほう》

仕事と愛　目次

新版へのまえがき　1
まえがき　3

第1章　仕事の本質

1　人間の本質と仕事　16
2　仕事と報酬《ほうしゅう》　22
3　仕事に命をかける三つの方法　28
①第一の方法――天命を見極《みきわ》める　28
②第二の方法――熱意　30
③第三の方法――感謝する心　34

第2章　仕事の方法

1　まず中心概念《がいねん》をつかむ　40
2　仕事内容のランクづけ　45
3　人間関係の確立と改善　52

第3章　出世の条件

1　出世とは何か　64
2　出世の第一条件――働くことが喜びである　67
3　出世の第二条件――有用な人間になる　74

4　出世の第三条件――他の人の力を使う　81
5　人間学の研究方法　85

第4章　真のエリートとは

1　新時代を担《にな》うエリートとは　92
2　移り変わる花形職種　98
3　新しい世界を目指せ　101
4　人類幸福化のための仕事　107
5　新時代のエリートになる三つの条件　109

第5章　仕事と愛

1　愛の本質と仕事　118
2　仕事における愛の法則　122
3　人々のニーズに応える　126
4　サービス精神と愛　130

第6章　休日の効果

1　静的な幸福　134
2　ライオン型の生き方に学ぶ　137

3 ベストコンディションで仕事をする 140
4 休息の積極的意味 143
5 時間効率を最大限に引き上げる 147

第7章 時間を活かす

1 密度の濃《こ》い時間を生きる 152
2 無駄《むだ》な時間は仕事と勉強のなかにある 156
3 「パレートの法則」と時間 160
4 勝敗は二割にある 164
5 集中的に効果を生み出す 169

第8章　人間の可能性

1　向上のための具体的方策　176
2　人生を切り拓《ひら》く意志の力　178
3　悔《くや》しさをバネとする　182
4　物事を理想化する能力　186
5　聖なるものに殉《じゅん》ずる心　189
6　この身このまま実相世界《じっそうせかい》に生きる　193

第9章　人生と余裕《よゆう》

1　心の余裕がマイナス思考を予防する　198
2　子供のころの教訓は人生の原型　200
3　予習型人生を送る　207
4　経済的安定の大切さ　213
5　まず心構えを持つ　219

第10章　健康生活の秘訣《ひけつ》

1　健康を保つことは各自の責任　226
2　収入の一定額を健康のために使う　230
3　一定時間を運動に費《つい》やす　233
4　体力への積極的投資を　235
5　疲労《ひろう》の予防法　242

あとがき　250

第1章

仕事の本質

1　人間の本質と仕事

この本で私は主として仕事に関する考察をしていきたいと思います。本書の前半は、おもに仕事そのものに関することになりますし、後半は、仕事に付随《ふずい》した、その他のことにも触《ふ》れていくつもりです。

最初に仕事の本質について述べてみましょう。

仕事そのものについて、みなさんの多くは「当然のことだ」と考えていることでしょう。学校を終えて社会に出れば、当然、仕事が待ち受けています。仕事があって初めて給料がもらえる。そして、その給料で生活ができ、遊びにも行ける。そのようなことを、小学生でも、「当然のことだ」と思っているでしょう。

したがって、人間は比較《ひかく》的小さいころから人生を二つに分けて考えているのです。

前半は自分自身をつくるための時期であり、その生活そのものが何ら対価を生まない時期、お金を生まない時期です。学生時代に代表されるように、「勉強だけをしていればよい」「自分の体づくりだけをしていればよい」というような、言ってみれば、親のすねかじりの時期です。

後半は、社会に出て働き、世の中のために何らかのものを付け加え、その対価として賃金なり給料なりをもらう時期です。そして、「実社会に出て働く代わりに自分の妻子を養うことができ、彼らが、賃金目当てではなく、自己形成のために、さまざまなことができる」という循環《じゅんかん》になっているわけです。

といっても、現在では、多くの女性が職業婦人になりつつありますし、また、学生といえども、各種のアルバイトその他で働くことを経験しているので、物事には原則と例外があることだけは、当然のこととして理解していただきたいと思います。

ここで、私は原則に立ち戻《もど》って、仕事のあり方を述べておきたいと思います。まず言っておきたいのは、「人間は、ともすれば、仕事に不満を持ったりするけれども、『世の中に仕事がある』ということに感謝したことがないのではありませんか」ということです。「もし仕事なき生活が待っていたならば、どうであろうか」と考えたとき、それは実に面白《おもしろ》みのない世の中でもあろうと感じられるのです。

もちろん、達磨《だるま》という、〝面壁《めんぺき》九年〟をした人もいます。そうした坐禅《ざぜん》の生活は、確かに、お金にはならなかったかもしれません。しかし、それは後世の人々を導くための一種の仕事になっていたわけです。

ところが、達磨という、仏門《ぶつもん》で修行《しゅぎょう》をしていた人とは別の一般人《いっぱんじん》が、単に面壁九年をしていたならば、世の中からは、「たいへんな変わり者だ」「まったく働かない人だ」「お金を持って帰らない人だ」などと言われるでしょう。実際、人間は何もしないではいられない性分《しょうぶん》なのです。

そこで、私が言っておきたいのは、「『仕事をしたい』という気持ちは人間の天分である」ということです。それは後天的に与《あた》えられたものではなく、「人間として生まれついた」ということ自体に伴《ともな》っている天分である。そう考えるのです。

もちろん、動物にも仕事はあるかもしれません。彼らも、その日の糧《かて》を得るための仕事をしているでしょう。しかし、動物たちの仕事には一定のパターンがあり、そこから抜《ぬ》け出ることはできないのです。

例えば、ラッコという動物は、とても動物とは思えないようなことをします。水の底に潜《もぐ》って貝を採《と》ってきては、背泳のかたちになっておなかの上に石を置き、貝を石で割って食べるのです。これなどは、まさしく仕事をしているようにも見えます。

しかしながら、彼らは、あくまでも自分の食を潤《うるお》すために、「貝を割る」という作業を伝統的にやっているにすぎず、それ以上に発展する見込《みこ》みはありません。単に貝を割るだけではなく、おなかの上で、いろいろなものを加工でもし始めたならば大変なことですが、実際、ラッコがラッコであり続けるのは、それ以上のことはしないからなのです。

ラッコだけではなく、他の動物であっても同じです。例えば、羊であれば、羊はその毛を生やすことが一つの仕事かもしれません。しかし、その毛を生やすということに大きな目的が潜《ひそ》んでいるのを、彼らが分かっているとは思えないのです。

羊の毛は、いろいろなものに有用に使われていますが、羊がその目的性を十分に知った上で毛を生やしているとは思えない面があります。やはり、毛を身にまとう習性が生まれつきあって、そうした本性《ほんしょう》に基《もと》づいて毛が伸《の》びていると思えるのです。

こうしてみると、人間の仕事には、動物たちに比べて違《ちが》ったものがあることが分かります。それは、自らの個性に応じたものをつくり出していける能力を、各人が持っていることによります。

鶏《にわとり》は卵を産むことができますが、卵以外のものを産むことはできません。また、卵料理をつくることもできませんし、卵をほかのものと交換《こうかん》して何かを得ようとはしません。このように、彼らは一定の方向づけをされているのです。

ところが、人間は、一つの材料をもとにして、いろいろなものを考え出すことができます。ここに創造の喜びがあり、大宇宙の根本仏《こんぽんぶつ》と同じような気分を味わうことが許されているのです。

こうしてみると、仕事そのものは、人間の本質に極《きわ》めて近いところにあると考えられます。つまり、「仏が、自分と同じような創造の喜びを人間に与えようとして、仕事というものを与えたのだ」と考えてよいのです。

2　仕事と報酬《ほうしゅう》

その上、仏は、人間に仕事を与《あた》えながら、仕事が決して一方通行にならないようにしています。すなわち、よい仕事をしたならば、それだけの評価が得られるようになっているのです。

その評価は一つには金銭的なものでしょう。それ以外に、出世ということもあるでしょう。また、地位を得ることもありますし、「多くの人々の称賛《しょうさん》を受けて自分自身の魂《たましい》が喜ぶ」という経験もあります。

仏は、本来、人間が一方的に努力をすればよいように創《つく》ることも可能であったのに、努力には必ず報酬《ほうしゅう》が伴《ともな》うようにしているのです。なぜ、そのようにしているかというと、それが、永遠に働き続けるための秘訣《ひけつ》でもあるからです。

たとえ高級料亭《りょうてい》のコックであっても、「コックはお客に料理をつくって出すだけであり、自分は決して食べてはいけない」というのならば、やがては料理をすることが難しくなるのではないでしょうか。

「お客には、素晴《すば》らしいフランス料理、あるいは日本の懐石《かいせき》料理を作って出す仕事をしていながら、自分は、お茶漬《ちゃづ》け以外を食べてはならぬ」という法則が、もし仏から下《くだ》っているとするならば、このコックは、やがて、その専門の道で生きていくことが難しくなってくるでしょう。また、自分の仕事に誇《ほこ》りを持つことも苦しくなってくるでしょう。

彼らも、よい仕事をした報酬として、立派な家が与えられたり、素晴らしい家庭が与えられたり、金銭的なゆとりができて、いろいろなことが自由になったりするから、ますます仕事に磨《みが》きがかかっていくのです。

そこには利己主義と非常に近いものがあるわけですが、それを利己主義とだけ見てしまうのは問題であって、そのなかには仏の大いなる意図があります。すなわち、「永遠に働き続けることができるように」という大きな慈悲《じひ》の仕組みが、そこに組み込《こ》まれているのです。

ここで私が言いたいのは、「仕事には必ず報酬が伴う」ということです。その報酬は、前述したように、単に金銭的なものだけではありません。「よい仕事をした」という、人からの評価であったり、さまざまなかたちでの、その人の人格形成であったり、社会的な地位の形成であったり、いろいろなものになるでしょう。しかしながら、「どのようなかたちであっても、仕事には必ず報酬が伴う」と言えるのです。

それはなぜかというと、仕事とは、本来、有用な活動だからです。「有用な活動である」というのは、「利益を生み出す活動である」ということです。人間の活動であっても、利益を生み出さない活動は報酬を伴いません。仕事が報酬を伴うのは、そこに利益が生ずるからなのです。

したがって、人々に迷惑《めいわく》をかけたり、会社に損害をかけたりした人は、給料をもらうことが心苦しくなります。それは、マイナスの仕事をしていながらプラスの対価を得ることになるからです。例えば、どんなに「有能だ」と言われた人であっても、会社に致命《ちめい》的な損害を与えたような場合には、降格されたり、減給されたりしますし、場合によっては失業するはめになります。

このように、「仕事は、本来、それ自体が有用なものであり、価値を生み出すものでなければならない」という原則があります。それゆえに報酬を伴うのです。

ここで考えていただきたいのは、「『本来の仕事を行っていれば報酬が伴う』というのは、ありがたいことではあるが、ごく自然のことでもある」ということです。「報酬を伴うものが仕事である」ということなのです。

その前提として考えねばならないのは、「仕事というものは、命をかけてやるべきものだ」ということです。仕事は、命をかけてやるだけの値打ちがあるものなのです。それゆえに報酬があって、心に喜びがあるのです。

命をかけて仕事をしていないのに報酬を得た場合には、罪悪感がつきまといます。虚《むな》しさがつきまといます。「自分は、何かいけないことをしているのではないか」と感じます。

道楽息子が家をつぶす理由のほとんどは、ここにあるでしょう。親から莫大《ばくだい》な財産を引き継《つ》いだ。あるいは、実家には金蔵《かねぐら》が建っているような家の跡《あと》を継いだ。しかし、自分は仕事に生きがいを感じない。そこで、働くことができないことを何とかしてごまかそうと、遊興《ゆうきょう》に走り、湯水のごとく金銭を使い、やがて破産を招く。このようになるのです。

こうした人たちの特徴《とくちょう》は、ほとんど、仕事自体に命をかけていないのに報酬だけは得ていることへの罪悪感から、自らをごまかそうとするところにあります。自らの理性をごまかし、感覚を麻痺《まひ》させようとして、やたらと変わったことをし始める傾向《けいこう》があるわけです。

世の中を見渡《みわた》してみても、命をかけて仕事をして失敗している人は少ないのです。イエス・キリストのように、命をかけて仕事をし、この世的には、何らの地位も、何らの金銭も得なかった人もいますが、彼は、その仕事の報酬を、やはり受けています。彼は、その後、二千年にわたり、人類の師として、父として、大聖者として尊敬されてきたわけであり、それだけの報酬は見事に得ているのです。

すなわち、「命をかけた仕事に報酬が伴わないことはない」ということです。そして、「それをありがたく受け取るところに魂の喜びがあるのだ」と考えていただきたいのです。

3　仕事に命をかける三つの方法

①第一の方法――天命を見極《みきわ》める

次に、「仕事に命をかけるとは、いったい、どういうことなのか」について、述べておきましょう。

第一に言っておきたいのは、「仕事に命をかけるためには、どうしても必要な前提がある」ということです。それは自分の天命を見極《みきわ》めることです。天命を見極めることなく仕事に命をかけることは難しいのです。

たとえ、どんなに大きな体をした人であっても、もし勉強が好きで好きでしかたのない人ならば、一生、野球のピッチャーとして球を投げ続けることも、プロレスラーとしてリングで格闘《かくとう》することも、その人にとっては、命をかける仕事にはならないでしょう。それは、本人の魂《たましい》が、「物事を学んでいく。勉強していく」ということに生きがいを見いだしているからです。

このように、たとえ大きな体を持ち、相撲《すもう》取りやプロレスラー、野球選手になれるような人であっても、本来の天命がそこにない場合は、命をかけることは難しくなります。「自分の仕事に天命を見いだす」というのは大きなことなのです。

世の多くの人はサラリーマンでしょうが、どうしても現在の仕事に天命を見いだすことができない人もいるでしょう。そうした人は、今の世の中では転職という道が幾《いく》つも開《ひら》けているので、天命を発見することに力を注いでいただきたいのです。「これは自分の天命なのだ。天職なのだ」と信じることができたならば、命をかける仕事が、そこに現れてくるのです。

とにかく天命の発見が大事です。天命を発見できれば、仕事の半ばは終わったも同然と言ってよいでしょう。どんなに才能のある人であっても、天命と違《ちが》うところに仕事を見いだしたのでは、大いなる成功はできないのです。

不世出《ふせいしゅつ》の画家に事務仕事をさせてもうまくいかないように、また、天来の科学者に詩を書かせてもうまくいかないように、それぞれ、当てはまる場所がありま す。「自らが何に当てはまるか」ということを、よくよく見いだしていくことが大事なのです。

② 第二の方法 ―― 熱意

仕事に命をかける第二の方法として言っておきたいのは、「やはり熱意こそが最重要事である」ということです。

世の中には、「この人は、ずいぶん頭のよい人だな」と思える人がたくさんいます。ところが、そうした人が、仕事という面で見て、非常に素晴《すば》らしい立派な仕事をしているかというと、必ずしもそうではありません。それだけの仕事をしていない、それだけの地位に就《つ》いていない、それだけの報酬《ほうしゅう》をもらっていないので、「こんなに頭のよい人が……」と思うことがよくあります。私は、それを不思議に思って、「なぜなのだろうか」と、よく観察してきました。

その結果として得られた結論は、「熱意が足りない」ということでした。どれほど頭のよい人であっても、熱意がなければ道は開けません。熱意があればこそ、その仕事に磨《みが》きがかかるのです。

陶器《とうき》を焼く場合、たとえ、どのような名陶器職人が焼いたとしても、その粘土《ねんど》がいくらよかったとしても、その上薬《うわぐすり》がいくらよかったとしても、その模様がいくらよかったとしても、窯《かま》の火の熱が足りなければ、よいものは焼けず、よい陶器は決してできません。

よい色艶《いろつや》を出し、見事に焼き上げるために必要な火が熱意なのです。この熱意なくしては、いくら材料がよくとも、いくらデザインがよくとも、一級品はできないものなのです。

イエスがあれだけの仕事をしたのも、熱意があったからでしょう。また、ソクラテスは頭のよい人だったでしょうが、彼があれだけの大きな名前を人類史に遺《のこ》したのは、やはり熱意があったからでしょう。孔子《こうし》があれだけの仕事をし、諸国を巡《めぐ》りながら教えを説き続けた原動力は、やはり熱意にあったのでしょう。

釈尊《しゃくそん》があれだけ大きな仕事を遺せたのも、熱意があったればこそのことでしょう。頭のよい人のことを、「お釈迦《しゃか》様のようだ」と昔はよく言ったわけですが、頭がよいだけでは、あのような大きな仕事はできないものです。結局、熱意が勝《まさ》っていなければ駄目《だめ》なのです。

どんなに素晴らしいものであっても、埋《う》もれてしまえば、それまでです。埋もれさせないで、最後の磨きをかけ、輝《かがや》きを生み出すのに必要なものが熱意なのです。

仕事には体力も必要でしょう。知力も必要でしょう。しかし、すべてに勝るものは熱意です。熱意のある仕事こそが、本当に道を開いていくものなのです。熱意なきときには、決してよい仕事はできません。

これは会社仕事だけについて言っているのではありません。家庭に目を転ずるならば、主婦の仕事ひとつをとっても、そのとおりなのです。熱意を持って家事を切り盛りし、夫を支えている主婦があればこそ、夫は職場に出て獅子奮迅《ししふんじん》の活躍《かつやく》ができるのです。

家庭のなかに、そうした主婦の熱意がなく、冷め切った家庭で不和が絶えなければ、夫は、どうして活躍ができましょうか。自分が着ている鎧《よろい》がほころびている。自分が持っている刀が錆《さ》びついている。こんなことであって、どうして戦《いくさ》ができましょうか。すべてが見事に点検されていてこそ、戦場に出かけられるのです。

このように、「熱意はすべてに勝る宝だ」ということを、忘れないでいただきたいと思います。

③ 第三の方法――感謝する心

命をかけて仕事をしていくための三番目の条件は、「世の中には地上の人間の目に見えない働きがある」ということを信ずることです。

こう言ってしまうと、現代的な人々には、「古い」「迷信だ」と受け取られがちですが、まさしく、これは真実なのです。

世の中には数百万という数の企業《きぎょう》があります。日本だけをとっても、百万、二百万という数の会社があります。しかし、その会社の多くは、赤字経営だったり、収支トントンの経営だったりして、給料を払《はら》うのがやっとの経営状態です。ところが、その数百万の会社のなかから、ある会社だけが、なぜか群を抜《ぬ》いて発展していきます。そして、巨大《きょだい》企業となり、世界的な産業にまで発展していきます。

そこにあるものは何かといえば、人々が勤勉に働いているのは当然ですが、それ以上に、「大きな運というものが働いている」ということを感じざるをえません。個人に対しても、あるいは、その企業体全体に対しても、大きな運が必ず働いているように思います。

そこで、「大きな運、目に見えない力が働くためには、どうしたらよいか」ということを考えてみましょう。

命をかけて仕事をする場合に大事なのは、「自分の運が信じられる」ということとです。運が信じられるには、「仏の加護を受けている」という感覚、あるいは、「仏が自分の仕事を見て喜んでくださっている」という気持ちが大事なのです。

仏という言葉がもし大きければ、「先祖（あるいは、経営者であれば、先代、先先代の経営者といった人たち）など、自分に関係のある人々が喜んでくださっている」という感覚です。これが大きいのです。

例えば、四代目、五代目以降になって傾《かたむ》いていく会社の多くは、初代、二代、三代とわたった経営者たちの苦労に対して、十分に報《むく》いていないことが多くあります。その出発点、初心を忘れ、基礎《きそ》をつくってくれた人たちへの感謝を忘れたときに、社運は傾いていきます。そして、同時に、経営者の運も傾いていくものなのです。

すなわち、命をかけて仕事をしていくための方法は、「仏、あるいは、それ以外の徳高き霊人《れいじん》たちの十分な指導を受けられるような自分になる」ということです。「彼らが喜んでくれるような仕事をしている」と思えばこそ、命をかけた仕事ができるのであり、それゆえにこそ、運が開けて、大きな道ができてくるのです。

別の言葉で言えば、信仰心《しんこうしん》と言ってもよいでしょう。信仰心という言葉に抵抗《ていこう》があるならば、感謝する心と言ってもよいでしょうし、本源なるものに感謝する心、崇高《すうこう》なるものに感謝する心と言ってよいでしょう。

こうした、「大いなるもののために働く」という気持ち、「大いなるものに帰依《きえ》する」という気持ちなくして、仕事に命をかけるのは極《きわ》めて困難なことなのです。この根本を忘れてはいけません。

そして、「大いなるもののために働く」という気概《きがい》なくして、出世していくことも、たぶんないのです。頭がよいのに出世していかない人たちは、みな、「評論家的な立場に立って、人のことをあれこれと言うけれども、結局は、感謝の心がなく、また熱意もない」といったことになっています。熱意を生んでいく原動力には、こうした大いなるものへの感謝があると思います。

そして、その大いなるものへの感謝を持って働いている人の姿を見て、それをあざ笑うことのできる人たちは、人間として、まことに情けない人たちだと思うのです。そうした人たちの冷笑に気をつかうことなく、努力・精進《しょうじん》して、仕事をつかみ取っていくことが大事であると感じます。

以上が仕事の本質に対する私の考え方です。命をかける。あるいは魂を込《こ》める。そして、全身全霊を打ち込んでいく。「これが天命だ」と思い、熱意を持ち、大いなるものの加護を受けながら突《つ》き進んでいく。こうしたことが大事であると痛感されるのです。

第2章

仕事の方法

1　まず中心概念《がいねん》をつかむ

本章では、仕事の方法論を述べていきましょう。

「仕事は、大切なもの、命をかけるべきものだ」と第1章で述べましたが、「命をかけてやるべき仕事とは、どのようになされていかねばならないのか。そこには、仕事を成し遂《と》げていくための方法論と言うべきものがあるのかどうか」――それが大事な問題になります。

もちろん、仕事にも、いろいろな種類がありますから、この方法論を一絡《ひとから》げにしてしまうことは難しいと言わざるをえません。しかし、本書の読者の多くはビジネスマンであると推定されるので、ビジネスマンに参考になる話を中心にして、それ以外にも適用できるような考え方を示してみたいと思います。

まず、通常のビジネスマン、サラリーマンといった人たちが仕事を成し遂げていくために、どうしても必要な方法論を挙げておきましょう。

第一に必要なことは、仕事のコンセプト、概念《がいねん》とでも言うべきものを、いち早くつかんでしまうことです。

仕事全体のコンセプトをつかむことを得意とする人と、不得意とする人がいます。それを一日にしてのみ込《こ》んでしまう人もいれば、半年ぐらいたたないと分かってこない人もいます。ここに大きな差があります。能力的には、どちらが高いとも言いかねる面があって、人間の性格の違《ちが》いとしか言いようがありません。長い時間では、どちらが有利になるか、何とも言えないところがあります。

ただ、今後、アメリカ的な競争社会が日本社会にも到来《とうらい》するであろうと考えるならば、「仕事のコンセプトをいち早くつかんでしまう」というやり方は大事なことだと思います。

それでは、仕事のコンセプト、中心概念、あるいは内容とでも言ってよいもの、これを、どのように捉《とら》えていくべきかというと、まず、「大・中・小」の三種類に分けて捉えていくのがよいでしょう。

「大」に関しては、「その会社自体が、そもそも、どのような事業を目的としている会社なのか」をつかんでしまうことです。「この会社は、こうしたことを使命としている会社なのだ」ということを、自分なりにつかんでしまうのです。

不動産業には不動産業の考えがありますし、金融《きんゆう》業には金融業の考えがあります。商社には商社の、メーカーにはメーカーの、それぞれの業界や企業《きぎょう》としての活動のコンセプトがあります。これをいち早くつかんでしまう必要があります。

物の商売を中心とするところ、工場のように物を生産するところ、物を扱《あつか》わないで金融だけで商売をするところなど、いろいろなところがありますが、それぞれに中心コンセプトは違っています。これをまず頭に入れておくことです。今後、社会が流動化してきたときには、それが大いに役に立つでしょう。

これを「大」とするならば、「中」に当たる部分は、「会社のなかで自分が、今、置かれている部署は、どのような仕事をしているところなのか」を明確にすることです。「会社のなかにおいて、どのような仕事をしている部署であり、どのような位置づけになっているのか」ということを、いち早くつかむ必要があります。

そして、「小」に当たる部分は、「自分に与《あた》えられた仕事は、どのようなものであり、それを、自分としては、どう考えるか」ということです。これを詰《つ》めなければなりません。前任者がいて引き継《つ》ぎを受ける場合には、ここが肝心《かんじん》です。「自分の仕事の範囲《はんい》は何なのか。その内容は何か」ということをつかんでしまうのです。

ところが、通常の場合には、この「大・中・小」の三つのコンセプトをつかむことなく、「前任者から仕事を引き継ぐ」というかたちだけで始まっていきます。

そして、「いろいろなことを次第《しだい》しだいに勉強していく」というのが通常の方法です。しかし、来《きた》るべき未来社会、未来のビジネス世界を見渡《みわた》すかぎり、これからは、「大・中・小」のコンセプトをいち早くつかんでいく人が、優秀《ゆうしゅう》な人とされていくようになるでしょう。

転職中心の社会になると、「小」の部分、すなわち、自分の仕事のやり方の部分だけで業績をあげてきた人は、前にいた会社と新たに移った会社では仕事の方法がまったく違うので、このコンセプトを間違うと、致命《ちめい》的なミスを招くようになります。したがって、最初の段階においては、「大・中・小」という三つのコンセプトを明確にしていく必要があります。これは、早ければ早いほどよいでしょう。

すなわち、就職や転職をする際に、「この会社は、どのような考え方を持っているのか。その種類や性格は何なのか。活動形態は何なのか」を問いただす。次に、「自分の部署は、どのような仕事をするところなのか」を問いただす。そして、「自分自身の個人の仕事とは何なのか」を知る。こうした枠組《わくぐ》みを、まず設定できる人ほど、これからの流動社会への対応は早いことになります。

これを忘れて、歯車の一つとしてだけ仕事をしていると、やがて取り残され、応用可能性のない人間になっていくでしょう。

2　仕事内容のランクづけ

仕事の方法論として第二に挙げておきたいのは、自分の仕事の内容にランクを設けることです。

一日のなかで、あるいは一週間や一カ月のなかで、自分がしている仕事を細かく分類していくと、たいていの人は百種類も二百種類ものことをしています。作業というレベルに分解して見た場合、おそらく百種類以上のことをしているはずです。

これは通常のビジネスマンの場合です。引き継《つ》ぎ書などを書いてみると、たいていの場合、百種類を超《こ》える作業をしています。そして、それらの仕事に対して、ごく自然に体が動くようになってきているはずです。

そうすると、仕事を始めるに当たって、まず自分の仕事の内容を整理してみる必要があります。無目的に仕事をするのではなく、「どのような仕事があって、そのなかでの順位づけはどうなっているのか」ということを整理することが大事です。「いちばん外してはならない仕事は何か。次に重要な仕事は何か。その次は何か」ということを整理する必要があるのです。

例えば、百種類の作業があるとするならば、このなかで最重要の仕事は、おそらく、二、三種類しかないはずです。そして、その次に重要な仕事と思われるものは、たいてい十数種類か二十種類ぐらいしかないものです。残りの八十種類は、そうしたメインの仕事をなすために、やむをえずしなければならない付帯的な作業であることが多いはずです。

ところが、仕事ができない人の特徴《とくちょう》は、こうした付帯的、付随《ふずい》的な仕事が片づけられなくて、中心的な仕事、重要な仕事が何であるかさえ分からなくなっている点にあります。

例えば、いろいろな数字の入った表をつくるとすると、「その表は何のためにつくられているのかが理解できず、数字の縦・横の計算のために計算機を一日中叩《たた》いているだけ」という人がいます。

こうしたレベルの人は、どうしても、それ以上のところまで判断がいかないことになります。というのは、自分の主たる仕事を、「計算機を叩くことだ」と考えているからです。

もう少し先の見える人は、計算機を叩くことよりも、「その表自体が何であるか、何のためにつくっている表なのか」ということを考えるようになります。

さらに仕事が進んだ人ならば、「この表は、そもそも、必要なのか、必要でないのか」ということを考えるようになってきます。そして、「必要でない」としたならば、「これに代わるものが、ほかに何かあるだろうか。あるいは、まったく無用な仕事をしているのだろうか」ということを、もっと大きな見地から見ることさえ可能なのです。

こうしたことが分からない人は、計算機を叩くことだけに時間を費《つい》やすようになっていきます。付随的なものに目を奪《うば》われて、高次《こうじ》なものが見えなくなっていく傾向《けいこう》があるわけです。

こうしたときに大事な考え方は、「自分がしている仕事のなかで、いちばん大事なものは何か。それを補助するために、ほかの仕事があるのではないか」と考えることです。

そして、「補助の部分が、どれだけの生産性を生むか」を考えることです。「これは自分がしなければならない仕事なのか。自分に適性のある仕事なのか。他の人に代わってもらえる仕事なのか。あるいは、そもそも必要のない仕事ではないのか」ということを考えて、中心から攻《せ》めていくことが必要になってきます。

そうしてみると、無駄《むだ》な仕事は、世の中には、いくらでもあります。たいてい発想が逆になっていて、付随的な仕事のほうから始め、そのあと中心的な仕事にいく傾向があります。こうして無駄な仕事が山のようにできるのです。この際も、やはり、「中心から攻めていく」という考えをとっていけばよいでしょう。

まず、自分の仕事を構成する作業を書き出して、それを、Aランクの作業、Bランクの作業、Cランクの作業に分けていくのです。そして、「Aが達成されるために、Bは、はたして必要なのか。さらにCは必要なのか」ということを検討します。そして、無駄な作業はやめることです。

また、生産性を考えて、「自分がするべき仕事」と「そうでない仕事」を分けます。高度な仕事、管理職としての仕事が自分に要請《ようせい》されているならば、そうでないことにかける時間を極力少なくして、自分に本来要請される仕事に全力を投入していくことです。このように考えて、時間当たりの生産性を最大限に上げていく方法を案出していくことが大事です。

この考え方は、一日の枠《わく》で考えた場合の仕事の優先度にも応用できます。さまざまな仕事が同時に入ってくるために、一日のなかで仕事の整理がつかないことがよくあります。こうしたときには、一日のうちの仕事の優先度をどう考えるかが大事です。

二つ三つ、あるいはそれ以上の仕事が同時に入ってくると、たいていパニックになります。このときに即座《そくざ》に判断しなければならないのは、「これは、ただいま行わなければならないことなのか。一時間後に行ってもよいことなのか。今日の終わりまでに済めばよいことなのか。明日《あした》以降でも構わないことなのか」という時間的優先度の確認です。これが大事です。

このときに、「それはあと。これが先」と言えることが大切です。これができない人が、「仕事のできない人」と呼ばれるのです。そうした人は、あとにしてよいことを先に持ってきて、先に行わなければならないことを、あとに持ってくるようになります。そして、重要な問題をズルズルと先延ばしにしていくようになってきます。

しかし、職場には上下関係があります。「上なる人の求めているものは何なのか」を考えると、重要なものから上司に上げていくことが大事です。重要なものを上げず、瑣末《さまつ》なものから上げていった場合には、そこで仕事の能率が非常に落ちていくことになりかねません。

このように、仕事の方法の二番目としては、「重要度の選別」を中心にしていただきたいと思います。これがマスターできるだけでも、仕事の達人になってくるはずです。

3 人間関係の確立と改善

仕事の方法として三番目に大事なのは、人間関係の確立、改善です。確立も必要ですし、改善も必要です。

というのも、「『各人が一人だけで仕事をしている』ということは、原則として、ない」と考えねばならないからです。「一つの会社で一人ひとりが独立した仕事をしている」ということは、まずありません。

仕事には必ず上下関係や横との関係があります。自分は、そのような、「上と

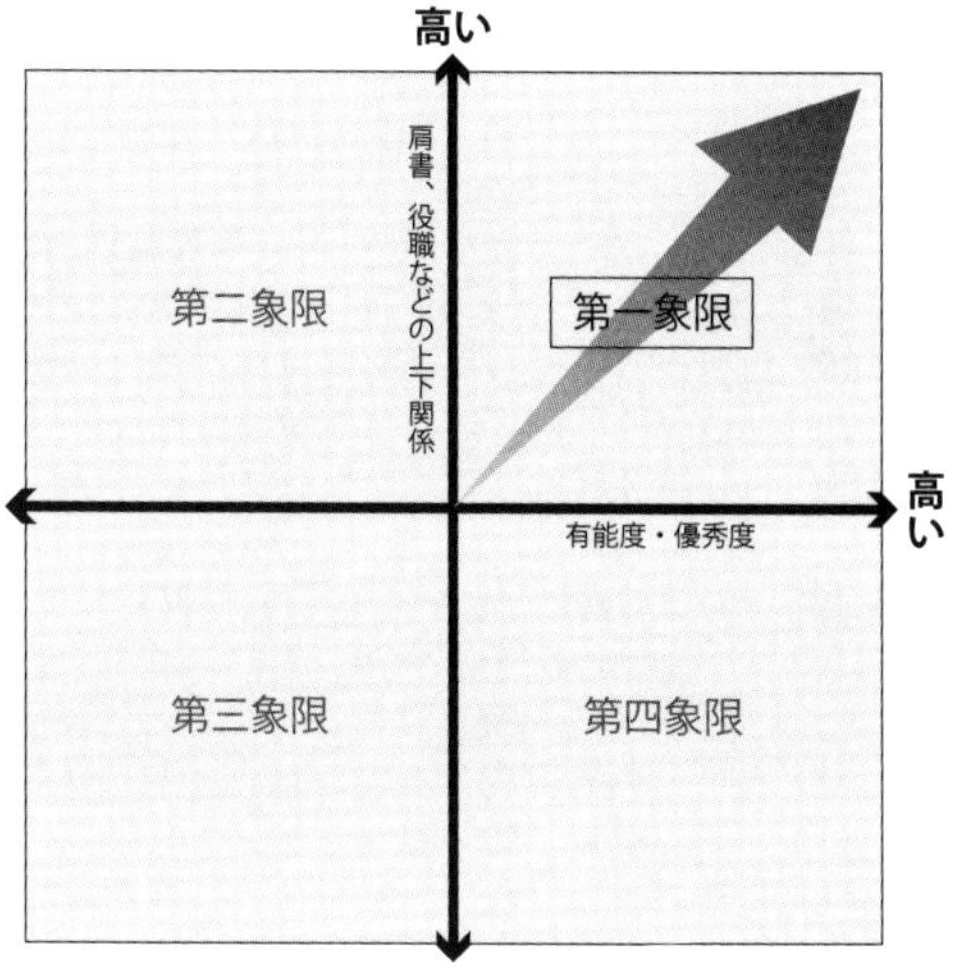

下」「右と左」という座標軸《じく》の中心にあると思わねばなりません。この四つの方向があるのです。

このページのグラフで言うと、第一象限、第二象限、第三象限、第四象限の四つのところに、自分にかかわる人たちが分類されていると考えてよいでしょう。

この四つが何を表すかというと、自分より上の部分（第一・第二象限）にいる人たちは、自分よりも肩書《かたがき》、役職などが上の人です。自分より下（第三・第四象限）にいる人たちは、自分の部下ないしは後輩《こうはい》です。

そして、横の直線の上にいる人たちは、自分と同じ立場に立っている人です。自分が出世していく方向は、矢印が上に向いた方向です。また、自分のあとを追いかけてきているのは、中心点より下のところにいる人たちです。

要は、これからの仕事に大事なのは、「自分の会社の人たちを、それぞれ、どのように分類していくか」ということなのです。

このグラフで中心点を挟《はさ》んで左右にあるものは、有能度・優秀《ゆうしゅう》度の座標なのです。すなわち、自分自身を中心にした場合、自分よりも有能かもしれないと思われる人たちがいるのが、右側（第一・第四象限）と考えてください。そして、自分より仕事能力的に劣《おと》ると思われる人たちが、左側（第二・第三象限）にいます。

そう考えてみると、第一象限（右上）には、自分より優秀で、立場も自分より上の人たちが入っています。第二象限（左上）には、自分より立場は上ですが、能力的には、例えば自分が同年齢《どうねんれい》になれば追い抜《ぬ》けると思われる人たちが入っています。第三象限（左下）に入っているのは、自分より後輩で、能力的にも自分より劣る人たちです。第四象限（右下）は、自分より後輩ですが、自分よりも有能だと思われる人たちのグループです。

自分の会社の人たちを、以上のように分類することができるでしょう。このように、自分を中心にして、すべての人間関係を、だいたい整理できるようになります。

この第一象限から第四象限までで、あなたの出世にいちばんかかわっているのが、実は第一象限にいる人たちなのです。したがって、「自分の人間関係のなかで、自分より有能で、しかも役職が上の人たちが、いったい誰《だれ》なのか」を、このグラフの第一象限に書き込《こ》んでいただきたいのです。その人たちが、あなたを出世させるかどうかの鍵《かぎ》を握《にぎ》っているのです。その人たちを目指し、その人たちの引き立てを受けることによって、あなたは出世をしていくことになります。

また、第二象限、すなわち、「能力的には低いが、立場は上の人たちに分類されるのが誰であるか」を書き込んでください。そうすると、そこにいる人たちは、あなたより立場は上でも能力が低い人なので、基本的には、あなたの能力に対して警戒心《けいかいしん》を持っている人たちだと考えてよいでしょう。

そうすると、「こうした人たちへの対応は、どうしたらよいか」という対策が出てくるはずです。すなわち、決して彼らを刺激《しげき》しすぎないことが大事なのです。第二象限にいる人たちに対しては、一定の距離《きょり》をとることを心掛《が》けなくてはなりません。彼らを心理的に追い越《こ》してしまわないこと、圧迫《あっぱく》してしまわないこと、「無能」だと決めつけないことが大事です。

自分にとっての課長や部長、役員であれば、「そうした役職の人である」という扱《あつか》いをすることです。心のなかでは距離を置いて付き合い、決して、同列になったり、自分が優位になったりしないようにしながら、「その人も仕事がしやすく、自分の仕事も邪魔《じゃま》をされない」という立場をとることが大事です。たいていは、この第二象限にいる人からのやっかみや中傷によって、左遷《させん》、降格がなされることになるので、ここは非常に警戒しなければならないところなのです。

そして、第三象限、すなわち、自分より後輩で、しかも自分より能力の落ちる人たちへの対応は、ちょうどリーダーが自分の部下を率いていくかたちになっていくので、政治家と民衆の立場と同じと考えてよいでしょう。

この第三象限にいる人たちは、要するに、あなたが優秀であること、あなたが自分より先を進んでいることを知っている人たちなので、彼らの主たる関心は、「あなたについていくこと、あるいは、あなたを信頼《しんらい》することが、自分たちをどのようにするのか」ということです。これが彼らの主たる関心事であると言ってよいでしょう。「あなたについていけば未来が明るくなるかどうか」ということが彼らの主たる関心なのです。

そうすると、第三象限にいる人たちに対しては、政治家が民衆の心を常に思いやるように、真心でもって、愛情でもって、くるんであげることが必要です。鳥の羽の下に卵があるように、あるいは、ひながいるように、「大きな愛で常にくるんであげる」というリーダーシップの発揮の仕方が大事になります。

この人たちは、競争して能力的にあなたを追い越す人たちではありません。そうした力関係では、もう、はっきり差が出ているので、彼らを、くさらせたり、あるいは戦力から離脱させることは、あなたにとってマイナスになります。そうした人たちも会社を支えている人たちなので、機嫌《きげん》よく働いてもらうことが大事なのです。

彼らに対して、将校になる資格がないことを責めても、しかたがありません。将校は、兵隊が働いてくれなければ仕事はできないわけなので、兵隊たちが一生《いっしょう》懸命《けんめい》に働けるように、いろいろなところで兵隊たちの面倒《めんどう》を見てあげる必要があるのです。

さらには、第四象限、すなわち、あなたより後輩で、あなたより有能な人たちへの取り扱いも、非常に難しくなります。「何年かすると、あなたを追い抜いてしまう」と思われる後輩の存在、これも必ず心当たりがあるでしょう。あなたの器《うつわ》が試《ため》されるのは、「この第四象限にいる人たちをどう使い切るか」ということです。

出世していく管理職は有能な部下を集めています。無能な部下を集めた人には、優秀な仕事が絶対にできないことになっています。「優秀な部下を使いこなす」ということが、将の将たる器には必要なのです。

ここで大事な考え方は、「彼らの才能に決して嫉妬《しっと》しない」ということです。むしろ、その才能をほめ、伸《の》ばしてあげることです。そのときに、一つの信頼関係が生まれます。才能ある人は、自分の才能を認めてくれる人のために働くのです。あるいは、「自分を認めてくれる人のために死にたい」と考えているのです。したがって、彼らの才能をほめ、そして伸ばしてあげることです。

そのときに、彼らは、「自分の上司のために一肌《ひとはだ》脱ぎ、自分たちの力で上司を偉《えら》くしてみせるぞ」という考え方を持つようになるのです。あなただけの力で出世をすることはないと考えなければなりません。こうした人たちに神輿《みこし》を担《かつ》いでもらわねば、大組織のなかで孤軍奮闘《こぐんふんとう》しても、決して偉くはなれないでしょう。こうした優秀な人たちの使い方が大事なのです。

そして、その後の自分の運命については、運を天に任せるつもりで、彼らを庇《ひ》護《ご》してあげることです。彼らが自分より偉くなったときのことを考えすぎてはいけません。そのときはそのときであり、天命に従うまでです。ただ、自分が上司である以上は、彼らの才能を一から百まで使い切ることに心を砕《くだ》いていくことです。

そのように努力していくうちに、自分の位置が次第《しだい》しだいに移っていくことを感じるでしょう。あなたは、やがて、グラフの中心点から、第一象限の、ちょうど四十五度の角度で延びる直線上を動いていくようになります。いちばん右のいちばん高いところに、あなたは昇《のぼ》っていくようになるのです。それがまた仕事の上手な方法なのです。

すなわち、仕事をよくしていくためには、人間関係をよくし、他者との間で仕事がうまく流れるようにしていかなければなりません。そのときには、どうしても感情の整理が大事です。こうしたグラフの四つの象限に、いろいろな人を当てはめて、その人たちとの付き合い方をきっちりと押《お》さえていくことです。そうすれば必ずや方法が立ちます。

誰に対してもまったく同じ方法で対していては駄目《だめ》です。この四種類の方法でもって職場の人間関係を決定していくことです。

以上で、一般《いっぱん》的な仕事の方法について三つ述べました。

これからは、いかに戦略的に物事を考えていくかが仕事にとっては大事です。

「大きな目標を立て、計画をつくり、それを、小さな戦術レベル、企画《きかく》レベルでどう満たしていくか。そのために、どのような発想をしていくか」——そうしたことを考えていけば、仕事はますます発展していくに違《ちが》いないと思います。

第3章

出世の条件

1 出世とは何か

本章では、ズバリ、「出世の条件」について述べてみましょう。

仕事をする人は、もちろん、何らかの実績をあげたいものですし、実績をあげれば、人から認められたいと思います。そして、人から認められた結果としての立場というものが出てきます。それを称《しょう》して「出世」と言うわけです。

サラリーマンであれば、出世の意味するところは明白ですが、それ以外の企業《きぎょう》家《か》や経営者にとっては、自分の手がけた事業が発展すること自体が一つの出世でもありましょう。小説家、作家であれば、出世作というものがあって、その作品を契機《けいき》に、その前とあとでは、その人の風格や立場、名声がまったく違《ちが》うことがあります。これは平社員が管理職になるようなものでもあります。

これ以外にも出世に相当するものはあります。例えば、自分が手がけている仕事ではないところで町の名誉職《めいよしょく》をすることもあるでしょうし、それ以外の場所で活躍《かつやく》することもあるでしょう。

また、小さく言うならば、出世そのもののなかにも、いろいろなものがあります。例えば、博士になったような場合など、学歴を積むことが出世と言われることもあるでしょう。あるいは、人々から尊敬されるような大学を卒業した場合も、一種の出世であると言えるかもしれません。

いずれにせよ、現代の日本においては、憲法の下《もと》で平等が保障されています。これは「可能性の平等」を保障しているわけです。「その人の生まれ、家の貧富《ひんぷ》、親の職業にかかわらず、学校や職業が自由に選べ、自分の生き方を切り開いていける」という意味での平等が保障されています。

そして、その平等は、各人の自由競争というかたちを通して、やがて、出世という結果を伴《ともな》うようになります。この出世に至る過程においては、切磋琢磨《せっさたくま》が行われます。ある者は優《すぐ》れた道を辿《たど》り、ある者はそこまで至らない場合があります。いずれにしても、通常、出世と考えられているものは、この世的にも認められるかたちを称します。

本章でも、それをいちおうの前提としますが、それ以外にも、人間の内面的な出世は当然あります。たとえ社会的地位は高くなくとも、心が非常に富み、豊かな心境でこの世を去っていく人はいるのであり、霊的《れいてき》な真実から言えば、それも一種の出世であることは間違いありません。

ただ、そうしたことについては、私の他の書物において、さまざまなかたちでお伝えしているので、本章では、特に、この世的にも認められる出世について考えてみたいと思います。

2　出世の第一条件――働くことが喜びである

出世の条件について、回り道をすることなく、その条件そのものを端的《たんてき》に探《さぐ》ってみましょう。

出世するための第一条件は、とにもかくにも働くことです。これは、こうした書物を手にしがちな人にとっては、意外に思うことかもしれません。しかし、本人が気がついていようが、いまいが、出世の条件の第一は、とにかく働くことが好きであること、一生懸命《いっしょうけんめい》に働くことであるのは間違《まちが》いがないのです。

たとえ、山を当てたようなかたちで一時的に大成功することがあったとしても、そうした成功は長続きしないものです。なぜならば、その人自身の真の実力にならないからです。

それは、例えば、職員室で学期末試験の問題を盗《ぬす》み見た学生のようなものです。あらかじめ問題を見ていたのでは、たとえテストの点がよかったとしても、本人の実力になりはしません。あるいは、そうした試験で、自分が以前に解いたことのある問題が出たため、よい点を取ったとしても、本番の入試で受かるわけではありません。これと同じようなことが、いろいろなところであるのです。

実社会は、まさに真剣《しんけん》勝負の世界なのです。竹刀《しない》を持った稽古《けいこ》がいくら上手にできたところで、いざ真剣を握《にぎ》ったとなれば話は別になります。竹刀を握った稽古のときには、きれいに深く決まらなければ一本となりませんが、真剣の場合には、刀の切《き》っ先《さき》でも触《ふ》れると、先に切られたほうが負けになってしまいます。

つまり、真剣での正真正銘《しょうしんしょうめい》の実力が試《ため》されるときが来るのです。たとえ、木刀や竹刀を握り、華麗《かれい》な技を数多く覚えたとしても、真剣を持ったときに役に立たなければ、どうしようもありません。

ここで私が言いたいのは次のようなことです。いくら頭のなかで方法論や策略を練ったところで、あるいは、よい知恵《ちえ》を仕込《しこ》んできたところで、結局、「実際に働く」という段階で証明された実力でなければ通用しないのです。そして、「働く」という段階で証明される実力とは、広い意味で、「働くことが好きだ」ということです。また、「よく働く人が実力のある人だ」ということです。この冷厳な事実を認め、受け入れていただきたいと思います。

画家を例に取ってみましょう。一枚の名作を描《か》くために、画家がどれだけのキャンバスを埋《う》め尽《つ》くすか、ご存じでしょうか。数千枚、数万枚と絵を描き続けて、そのなかに一つ、光るものがあればよいのです。

光る絵は実際には一万枚目に出たとしても、それまでの九千九百九十九枚がまったくの無駄《むだ》であったかといえば、そうではありません。一万枚目の絵を描こうとして努力したことのすべてが、その人の実力となっているのです。結局、一万枚目に描いた、その名作は、「過去に九千九百九十九枚を描き続けた」という努力の褒賞《ほうしょう》として与《あた》えられたものなのです。

出世の条件としては、まず、「働くことが生きがいであり、楽しい」ということです。そして、「働きの褒賞は、働きそのものによって与えられる」ということを知ることです。すなわち、「働くことがうれしい」「働くことが楽しい」という境地になっている者にとっては、働くことは、もはや抜《ぬ》けがたい魅力《みりょく》であり、他の人とは違った目の輝《かがや》きをもって取り組まざるをえないものになっているのです。

働くことそのもののなかに充実感《じゅうじつかん》を味わうことがどれほど大事であるか、みなさんは、よくよく考えたことがあるでしょうか。よく働いて、「今日は、よい仕事ができた」「今年は、よい仕事ができた」と思うことによって得られる喜びは、本当に他のいかなる喜びをも凌駕《りょうが》するものなのです。

「遊びや賭《か》け事、スポーツなどのほうが、働くことよりも楽しい」という人は、私に言わせれば、たいていは真実に働くことの喜びを十分に知っていない人だと思えるのです。その喜びが十分に分からないからこそ、他の喜びのなかに逃《に》げているように思えます。

それは、ちょうど、一人の女性から十全なる愛を受けることのできなかった男性が、次々と女性放浪《ほうろう》をするのにも似ていましょうか。また、一人の男性から十分な愛を捧《ささ》げられなかった女性が、次から次へと男性遍歴《へんれき》をしているのにも似ているかもしれません。

本来、そこから得るべき喜びがあるにもかかわらず、それを満足に味わったことのない人間が、他の世界で喜びを味わおうとして、いろいろなものに次から次へと首を突《つ》っ込んだところで、結局、最終的なる満足感は得られないものなのです。

人生を七十年や八十年と見、その年数を振《ふ》り返って総括《そうかつ》してみたときに、自分自身がいちばん喜びとすべきものは何でしょうか。それは、「これだけの仕事ができた」ということです。これに勝《まさ》る喜びは決してないのです。そして、その喜びは、決して偶然《ぐうぜん》に起きるものではなく、働くことを続けていくことで出てくるものなのです。

例えば、金鉱をツルハシで掘《ほ》り出すときには、一定の深さまで掘らなければ金鉱が出てこないように、働くということも、一定の年数をかけ、一定の深さで耕し続けなければ、その喜びは出てこないものです。

これが、その人の天職とも言うべき職業によって喜びを得た人と、単にアルバイトとしてしか働いたことのない人の違いとも言えましょう。

アルバイトのなかには、確かに面白《おもしろ》いものもあるかもしれません。また、一時的には、通常のサラリーマン以上に、時間当たりの収入が得られることもあるかもしれません。しかし、長続きする人はいません。それを本来の職業だと思っていないからです。アルバイトから得られるものは、やはり、お金という対価だけであって、それを超《こ》えた人生の喜びそのものは得ることができないと思います。

まず、私は王道から入っていきたいのです。出世の条件は、とにかく働くことが好きであること、働くことそのものが喜びであることです。働くことが嫌《いや》な人間に出世はありません。たとえ一時的に出世することはあっても、決して永続することはないのです。

これが出世の第一条件です。

3　出世の第二条件――有用な人間になる

次に、出世の第二条件を述べておきましょう。

第二の条件は、「その人が生きている社会や組織のなかにおいて、有用な人間になる」ということです。「有用な人間」とは、言葉を換《か》えれば、「有益な人間」と言ってもよいでしょう。

ここでよく読んでほしいのは、「有能な人間」とは書いていないことです。出世の条件は、「有能な人間であること」ではないのです。「有能な人間ではなくて、有用な人間であり、有益な人間である」ということです。この違《ちが》いがお分かりでしょうか。

たいていの人は、これを誤解します。「自分は有能だから、出世できるのだ」

「自分は有能だから、人から認められるのだ」「自分は有能だから、偉《えら》くなって当然なのだ」と思います。そうした場合もありますが、そうではない場合もあることを知らなければなりません。「有能であったとしても、その有能さが、他の人とのかかわりにおいて、どう発揮されるか」ということが実に大切なのです。

その有能さが日本刀のような切れ味を有しているとしても、はたして、日本刀で食事の支度《したく》ができる人がいるでしょうか。一振《ひとふ》り三尺もある日本刀で、大根や牛肉、トマト、玉ねぎを切って、食事の支度ができる主婦がいるでしょうか。それは、さぞよい切れ味でしょうが、その切れ味ゆえに危険を伴《ともな》うことも必定《ひつじょう》です。

これと同じで、有能さは、よくできた刀のようなものであり、それに合ったところで使われれば役に立ちますが、違ったところで使われた場合には、危険な道具ともなりかねないのです。

私が言いたいのは、「能力というものを、その人が所属するグループの利益に結びつけていったときに、その人は有用で有益な人になる」ということです。これがお分かりでしょうか。

すなわち、「あなたがどれだけの能力を持っていたとしても、宝の持ち腐《ぐさ》れになるような環境《かんきょう》では、その能力は発揮できないし、それを発揮した場合には害になることもある」ということです。これを知らなければなりません。

自分の職場で、今、必要とされているものが、剃刀《かみそり》なのか、鋏《はさみ》なのか、包丁なのか、鋸《のこぎり》なのか、鉈《なた》なのか、日本刀なのか、鉞《まさかり》なのか、それを見極《みきわ》める目を持たなければならないのです。

例えば、新入社員がいくら人事に精通していても、残念ながら、その能力は生かせません。上役の人事のことを、あれこれと論評している新入社員がいれば、「あいつは、仕事などそっちのけで、つまらんことばかりをしている。人の噂《うわさ》ばかりをしている。けしからん人間だ」と評価されることもあるでしょう。

その人は二十年後に人事部長になる人なのかもしれませんが、少なくとも現時点においては、人事に精通していることは、新入社員に要求される能力ではありません。出世するためには、その段階において要求される能力を出す必要があるのです。

ここで、ぜひとも言っておきたいのは、「人生の数十年間において要求される能力は一通りではない」ということです。いろいろな能力が必要とされるのです。

それは大工の七つ道具にも似ていましょうか。七つ道具を持って、その場その場で使い分けなければならないのです。鑿《のみ》と鉋《かんな》を使い分けなければなりません。鋸と金槌《かなづち》も使い分けなければなりません。

このように、七つ道具を持っていても、それらを使う場所を知らなければならないのです。それぞれの使い場所を十分に知ったときに初めて、有能な社員が有用で有益な社員に変わっていくことになるわけです。

この使い分けを十分に知るためには、自分の持っている道具の手入れを常に怠《おこた》らず、その道具がいかなるところで使われるべきものなのかを知っておくことです。それを知らなければ、道具を十分に生かしきることはできません。

わずか二、三センチの厚さの板を張り合わせるのに、五寸釘《くぎ》を打ち込《こ》めば、その釘は突《つ》き抜《ぬ》けてしまうでしょう。「釘を打つ」というのは非常に有能なやり方かもしれませんが、結果においては有害に終わることにもなりかねません。これを知ることが大事です。

こうした話は、多くの読者には、なかなか納得《なっとく》がいかないことでしょう。出世できずに不満を持っている人の多くは、たいてい、「これだけ有能なのに、会社は自分を認めてくれない。上司は自分を認めてくれない」と思っているのです。

しかし、会社というところは、その人の有能さを証明するためにあるのではありません。他の多くの人々のために利益や便益を生み出してこそ、その人の存在価値があるのです。「会社は学校のように学業成績をつけてくれるためにあるのではない」ということを知らなければなりません。

したがって、能力の高い人ほど、有能な人間から有益な人間に変身していく努力をしなくてはならないのです。

これを他の例で言うならば、高学歴を例に取ってもよいでしょう。高学歴の人は自分の才能に自信を持っています。「自分は優《すぐ》れた人間だ」という自負を持っています。その自負があるからこそ、素晴《すば》らしい仕事ができることも事実です。

ところが、高学歴である人の能力も、その人が活躍《かつやく》の場を得なければ発揮できないのは当然のことです。こうしたところで間違いの多くが起きてきます。高学歴の人の場合、「自分は有能だ」ということを信じ切っているがゆえに、周りに現れてきた結果に納得がいかず、それを周りの人や環境のせいにしてしまうことが多いのです。つまり、「自分を使ってくれない人たちの責任だ」と考えがちなのです。

ここで大事なのは、有能な人間から有益な人間に切り替《か》わることです。まだ使っていない大工道具があったとしても、何ほどのことがありましょうか。柱を立てる前には、まず材木を切り出し、それを見事な柱に仕上げなければなりません。それをしてこそ、次に、柱を立てる作業があり、屋根を葺《ふ》く作業があります。その一つひとつを無視してはならないのです。

胸によく手を当てて、「自分は有益人間ではないのではないか。自分は有能人間だということを誇《ほこ》ってはいないか」ということを、よくよく考えていただきたいと思います。

これが出世の条件の二番目です。

4　出世の第三条件——他の人の力を使う

出世の条件の三番目を挙げる前に、述べておきたいことがあります。「出世していく」ということは、「多くの人々の上に立っていく」ということであり、「自分が面倒《めんどう》を見ることのできる人の数が、毎年毎年、増えていく」ということです。それは、「多くの人の面倒を見ていける」ということなのです。

そうなると、自分一人では手に負えないことになっていくのは当然です。そのために、自分一人ではできないことを、他の人を通して行うようになります。例えば、課長のときには五人の人を使っていた人が、部長になれば複数の課長を使って二十人の人を使い、役員になれば百人の人を使うようになっていくわけです。

そうすると、「自分が面倒を見ていかなければならない人が、どのような数で増えていくか」を十分に見通す必要があります。すなわち、自分一人のときの実力と、他の人を使って発揮される実力との違《ちが》いを、いち早く見分けておく必要があるわけです。

個人としては非常に優秀《ゆうしゅう》であっても、結果的に成功を収めることができない人は、他の人を通じて仕事をすることができない人であることが多いのです。セールスマンのような仕事をさせれば、人目を驚《おど》かすような結果を出す人でも、部下を使えば、うまくいかないことは、いくらでもあります。

それは、「自分一人でできる仕事は、その人がいかに器用であるかを証明するかもしれないけれども、手先の器用さは人使いの器用さには通じない」ということなのです。

たとえ日曜大工としてよい腕《うで》を持っている人でも、巨大《きょだい》なビルディングを建てることができるわけではありません。日曜大工で、犬小屋をつくったり、ペンキを塗《ぬ》ったり、屋根を修理したりすることができる人であっても、それほど器用な人だから大ビルディングが建てられるかといえば、建てられません。

大ビルディングを建てるためには、チームを組み、設計図をつくり、計画をし、資金を集め、大勢の人を使わなければなりません。そうすると、人を使える能力が必要になってきます。

つまり、出世の条件として三番目に明確に言えるのは、「自分一人でできる能力と、他の人を使う能力の二つの能力を知って、それを使い分ける」ということです。そして、「自分個人でできる」という能力から、「他の人を使ってできる」という能力に、次第《しだい》しだいに比重を移していくことが大事なのです。

大ナポレオンがいかに優《すぐ》れた人であったとしても、彼が軍刀を持って百人の兵士と戦ったならば、おそらく負けるでしょう。十人の兵士と戦っても負けるでしょう。彼一人の力で戦うには、相手が一人か二人、あるいは三人ぐらいでなければ無理です。それ以上では勝てません。ところが、彼が一万の兵、あるいは十万の兵を率いたならば、無敵の大将軍になることができるのです。

「この違いが分からない人は出世には縁《えん》の遠い人だ」と思わなければなりません。こうした違いが分からずに、「手先の器用さがすべてだ」と思う人は、専門職にとどまって、職人かたぎの人生を送ることになります。それもまた魂《たましい》の一つの傾向性《けいこうせい》なので、それをよしとする人もいるでしょうが、一般《いっぱん》的な出世を考えていくには、それだけでは不十分です。

すなわち、真に出世をしていこうとするならば、スタートラインでは自分個人の力量に依存《いぞん》することが多くても、個人の能力でやっている間に、次第しだいに人心《じんしん》の掌握力《しょうあくりょく》を増していき、「どうすれば人を使って仕事ができるか」ということを考えていく必要があるのです。この能力を管理能力といいます。

管理能力の基礎《きそ》は、「人が見える」ということです。それは、「その人の長所と短所が見える」ということです。また、その人を適材適所として使っていくために必要なのは、「どういうところに配置すれば能力を発揮し、どういうところに配置すれば能力が発揮できないか」ということを知ることです。当の本人が分からないことを、本人の素質を見抜《ぬ》いて、いち早く判断することです。この能力が不可欠です。

5　人間学の研究方法

出世の条件の三番目を十分に習得するためには、人間学の研究が不可欠となります。

人間学の研究方法の基礎《きそ》は幾《いく》つかあります。

一つ目は、「自分自身が多くの人の間で練られて、人間に関する見識を身につける」という経験的な方法です。

二つ目は、人生の師とも言うべき人を、いち早く見つけて、その人の的確な洞《どう》察力《さつりょく》や観察力、直観力を学ぶことです。そして、「どのように世の中や他人を見るか」という見識を学ぶのです。

三つ目は、やや常識に属することですが、「多くの書物を読む」ということです。

書物のなかでも特に大事なものがあります。

一つは、偉人《いじん》たちの生涯《しょうがい》を書いた伝記物です。これは、出世のためには不可欠のバイブルとも言えましょう。

次に必要なのは歴史物です。「過去の歴史を知っている」というのは、「未来が分かる」ということにもなります。

「過去の歴史のなかで、どのような事件が起きてきたのか。それに対して、偉人や他の人たちが、どのように対処してきたのか。そして、その結果、どうなってきたのか」ということを学ぶことは、「未来において、自分を取り巻くさまざまな環境《かんきょう》下で起きる事件が、どうなっていくのか」を予見する能力になります。

これは、大学受験などをするときに、受験校の過去の問題を研究するのとまったく同じことなのです。人類史において過去に起きたことを学ぶことによって、未来を予見する能力を磨《みが》くことが大切です。

「一に伝記、二に歴史」と言いました。三番目に必要なものは、詩を含《ふく》めた文学でしょう。

「人間の心は何によって揺《ゆ》さぶられるのか」ということを知っておく必要があります。知性によって動く人あり、理性によって動く人あり、さまざまな条件下で人は動きますが、人がいちばん動きやすいのは、何といっても感性です。感性に訴《うった》えることがなければ、大量の人を動員することは難しいのです。感性に訴えるのは非常に大きなことです。

感性を磨くためには、文学作品や芸術作品への関心を忘れてはなりません。「何が人の心を動かすのか。心を打つのか。胸を打つのか」を知っておくことです。

そして、四番目に、「これが最後」ということではなく、ある意味において筆頭に挙げなければならないものが宗教書でしょう。これは文学書よりもさらに奥《おく》にあるものです。仏の心、神の心を説く宗教書を読んでおくことによって、自分の心の底に、揺れない不動の中心軸《じく》ができてきます。これが、さまざまな困難のときに、その困難を乗り越《こ》えていく力となります。

このように、管理職となっていくには、人の心に精通するための努力を惜《お》しんではならないのです。

以上、出世のための三つの条件を挙げました。

第一条件は、「働くことそのものが喜びだ」ということ、「とにかく熱心に働く」ということ、「働くことそのものが好きだ」ということです。

第二条件は、有能な人間ではなくて、有用で有益な人間になろうとすることです。

第三条件は、自分一人でできる仕事と、自分の能力を超《こ》えた仕事とをよく分析《ぶんせき》して、自分の能力を超えた仕事については、他の人を使ってやっていこうとすることです。そして、他の人を使っていくためには管理能力が必要であり、管理能力を磨くためには、さまざまな勉強が不可欠なのです。

これらは、いろいろな場面において共通する、出世の条件の共通項《こう》のようなものです。この三カ条をよくよく胸に秘めて、今後の努力・精進《しょうじん》の指針としていただきたいと思います。

第4章

真のエリートとは

1　新時代を担《にな》うエリートとは

前章では、出世の条件についての一般論《いっぱんろん》を述べました。そこで、本章では、その出世の条件をさらに一歩進めて、「真のエリートとは」「エリートの条件とは」ということについて述べていきましょう。

ここにおいて、私は、一般的な出世とは違《ちが》って、さらに高度なものを求めていきたいと思います。「真のエリート」論は、魂《たましい》の進歩・進化に結びつかないものであるならば、ほとんど無益であると私は考えています。

人間は本質において霊的《れいてき》な存在であり、指導者となっていく歴史も、霊的に、すなわち、魂において進化していく過程であれば、それは無限の幸福を生んでいくものです。しかし、自分の権勢をほしいままにして、多くの人々を苦しめるような方向に向かっていったならば、それは魂的には明らかに退化あるいは転落であって、真のエリートと言うに値《あたい》しないものであると考えます。

現在、世界情勢は、さまざまに動いていますが、そうしたなかで指導者たちの真価が問われています。世界各国で、指導者の真価、真の値打ちが問われていますす。彼らがエリートであることは、もちろん、間違いがないことですが、「真のエリートであるかどうか」という点が、今、歴史の舞台《ぶたい》の上で試練にさらされているのだと思います。

すなわち、真のエリートと偽《にせ》のエリート、偽《いつわ》りのエリートとは、環境《かんきょう》がそれぞれの人に有利に働いているときには、決して違いが分からないのです。強大な権力を持ち、リーダーシップを発揮して、思うがままに駒《こま》を進めていく、そのやり方には、どこにも大きな差はないように思われます。

しかし、彼らが真のエリートか、それとも偽りのエリートかは、彼らを逆境にさらしたとき、非常によく分かるようになります。真のエリートは、逆境にあって狼狽《ろうばい》しません。一方、偽りのエリートは、逆境にあって、どうするかというと、自己の保身のために、まったく取り乱した行動をするようになります。そして、今まで仏顔をしていた、その顔が、突如《とつじょ》、夜叉《やしゃ》の顔に変わって、「自分の権益を剝奪《はくだつ》しようとする者たち」に対する強力な弾圧《だんあつ》を始めます。

ところが、真なるエリートは、たとえ人々から誤解されることがあろうとも、そうした逆風のなかで淡々《たんたん》としており、自己研鑽《けんさん》を怠《おこた》らず、「一陽来復《いちようらいふく》」を待って、自らがその真なる力をまた発揮することができる日を期するものなのです。その根本はどこにあるかというと、「私心《ししん》があるかどうか」「無心であるかどうか」というところだと思います。

国際情勢的な問題から話を始めましたが、これは会社レベルでの企業《きぎょう》リーダーにも当てはまることだと思います。

例えば、ある人の手がけた仕事が、業界として追い風を受けるものだったために、一躍《いちやく》、躍進することがあります。追い風があったとはいえ、そうした結果が出た以上、その人がどんどん出世していくことは間違いありません。しかし、「それが本当の意味での成功であるかどうか。彼が真のエリートになっていくかどうか」ということについては、必ずや試《ため》される時期が来るようになります。

というのも、会社人生は三十年あるいは四十年に渡《わた》るわけであり、その間、「自分にとって都合のよい順風《じゅんぷう》が常に吹《ふ》き続ける」ということは考えられないからです。自分に追い風が吹いていたときに駆《か》け上がってきた者も、夕凪《ゆうなぎ》となって、その風がやんだり、あるいは逆風が吹いたときには、もろさが露呈《ろてい》されます。

これからの不安定な経済情勢や国際情勢のなかで、真のエリートとして集団を率い、人々を率いていくためには、単に、「個人的に結果として成功したから、今、指導者をしている」ということでは、よくないのではないでしょうか。

いや、むしろ、真のエリートの条件としては、「劣悪《れつあく》な条件にありながら、あえて、その逆境と闘《たたか》うことを避《さ》けなかった人」「不利な状況《じょうきょう》のなかにあえて身を置きながら、自分の能力を試した人」「多くの人たちが嫌《いや》がる仕事、嫌《きら》う仕事を、あえて引き受けて成功させた人」「時流に乗っていない分野において、あえてコツコツと努力を続けて成功した人」――こうした人が真のエリートであり、これからの時代を担《にな》う人物だと思います。

景気の上昇《じょうしょう》に乗って発展してきた会社も多いでしょうが、これからは、さまざまな危機も来るでしょう。そのとき、危機への対処の仕方を知らないリーダーが上にいた場合には、船全体が沈没《ちんぼつ》してしまったり、飛行機が墜落《ついらく》してしまったりすることさえあります。そうしたときにこそ、逆境時に鍛《きた》えられた強靱《きょうじん》な精神力と体力がものをいうようになるのです。

特に、若者に対して言っておきたいのは、「日の当たるところのみを経験しようとは決して思うな」ということです。「人が嫌がる仕事を好んで選べ。また、逆風を好んで船出せよ。今、日の当たらないところに、自分の人生をかけてみよ。それでこそロマンではないのか」と言いたいのです。

「一流大学を出て、一流会社に入り、将来は役員になる」ということを、一生の目標にしている人は多いでしょう。そうした人は、この世的には「エリートだ」と言われることも多いでしょう。しかし、私には、どうしても何かが物足りないのです。それは、「このわずか数十年の人生を、あまりにも分かり切った方程式を解くために使っている」と感じられるからです。

簡単な方程式を解いて、そんなに人生が面白《おもしろ》いでしょうか。むしろ、そう簡単には解けない方程式に取り組み、七転八倒《しちてんばっとう》して解答が出てこそ、「やった！」という充実感《じゅうじつかん》があるのではないでしょうか。

誰《だれ》もが解けるような方程式を解く人、誰もが飛びつくようなところに行く人を、私は真のエリートとは思いません。はたから見て、「こうした学校を出ているからエリートだ」「こうした会社にいるからエリートだ」と言われることに、自己同一性、アイデンティティーを感じて喜んでいる人たちは、やがて数十年ほど先には没落の憂《う》き目に遭《あ》うであろうと私は思うのです。

2 移り変わる花形職種

いや、それは、すでに現実のなかにもあります。民営化した国鉄や、かつて「鉄は国家なり」と言われた巨大《きょだい》な鉄鋼産業に、今から何十年か前に就職した人たちは、いずれも一流大学を出た超《ちょう》エリートだったのです。

また、役人もそうです。明治以来、役人は民間より上に立つものと見なされ、エリートたちは役所に就職することを夢としてきました。その傾向《けいこう》は戦後も続いてきましたが、昨今の情勢を見ると、この風向きは明らかに変わってきたことが分かります。今では、「公務員になることは一種の斜陽《しゃよう》産業に就職することとほとんど同じである」という時代が来ています。

それはなぜかというと、先進国全体を見渡《みわた》してみても、「大きな国家」のマイナスを痛感する人たちが数多く出てきているからです。今、共産主義体制が崩《くず》れかかっていますが、共産主義体制の大きな間違《まちが》いは、肥大化した国家を虐《しいた》げられた人たちによって支えようとしていたところにあります。

もっともっと小さな国家をつくっていかなければならないのです。それは、「一般《いっぱん》の人々、民衆の活力を吸い上げるような国であってこそ、発展・繁栄《はんえい》していく」ということです。それぞれの人の活力を解き放ってこそ、国は発展・繁栄するのです。逆に、それを抑《おさ》える側に多くの力を割《さ》き、その活力を封《ふう》じ込《こ》め、統制する側のほうにエネルギーをかけすぎると、国は沈滞《ちんたい》していきます。これは当然のことなのです。

したがって、経済繁栄の力学として言うならば、許認可行政をはじめとして、締《し》めつけをするタイプの仕事をしている人の数が増えれば増えるほど、国は斜陽化していきます。そういうかたちではなく、活力を持って活動している人たちの、その自信と勇気に信頼《しんらい》が置けるような国をつくってこそ、社会全体の繁栄が出てくるのです。

今後、その選択肢《せんたくし》のどちらをとるか、日本は問われているわけです。大きなトレンド（傾向）として見ると、後者、すなわち、一般人が繁栄の自由を満喫《まんきつ》する方向、国が繁栄していく方向に定まると私は見ています。

そうなると、かつての人気業種であった役所も、没落《ぼつらく》の危機にさらされることになるでしょう。エリートといわれる人たちが過去に行っていたところが次第《しだい》しだいに停滞してきて、今、花形となってきているものは何かというと、それは、かつては「まともな人たちが就《つ》く仕事ではない」と言われた世界のものでしょう。情報産業やファッション業界など、目で見たり手で触《ふ》れたりすることがあまり明確にはできない、そうしたセンスの世界、あるいは情報の世界を仕事としている人たちが、脚光《きゃっこう》を浴びてきつつあるように思います。この傾向は、今後も、おそらく続いていくでしょう。

3　新しい世界を目指せ

さて、時代のそうした流れを見てみると、これから新たにエリートを目指していく人たちに対して、私は言いたいことがあります。それは、「『会社の寿命《じゅみょう》は三十年』と言われているけれども、産業の大きな流れのなかでも、次から次へと新しいものが見えてくる」ということです。

そして、「みなさんが真のエリートになろうとするならば、かって花開いたことがなく、今まだ完全に成長しているわけでもなく、芽生えはあるが、海のものとも山のものともつかない世界に、目を向けていく必要がある。そうした世界のなかで自分を試《ため》しえた人のみが、やがて人々を導いていくことになる」ということが言いたいのです。

したがって、これからは、例えば、学歴がある人であっても、自分の学歴が通用しない世界において、その力を発揮することに命をかける時代が来ると思います。現在の日本は「資格の時代」のように言われていますが、これからは、そうではなく、軽々と資格を投げ捨てて、新たなものにチャレンジしていく人の時代が生まれてくるでしょう。

例えば、これまでは医師の値打ちが非常に高く、優秀《ゆうしゅう》な人たちが次から次へと医学部を受け、医者になっていきましたが、これから医者余りの時代が来ると、彼らのうちの何割かには、自分自身の医者としての適応性に疑問を持つ者も出てくるでしょう。本来は医者になるべきではない人たちが、かなり多く医者になっているからです。

それは一流企業《きぎょう》への就職とまったく同じであり、「医学部に入ることが難しく、医者になれば高収入が得られて人から尊敬される」という意識だけで医者になった人たち、つまり、医療《いりょう》そのものに自分の天命、天職を見いだしたのではなく、そうした周りの状況《じょうきょう》から医者を選んだ人たちのなかに、不適応を起こす者が数多く出てくることが予想されるのです。

今後、こうした人たちは転職を繰《く》り返していくだろうと思えるのです。例えば、医師の資格を惜《お》しげもなく捨てて転職していく人が出てくるでしょう。また、工学部や理学部の系統を出て修士や博士を持っている人たちが、そうしたものを惜しげもなく捨てて、違《ちが》った世界に転出していくケースが数多く出てくるだろうと思います。

これからは、そうしたチャレンジの時代が来ます。「自分にとって困難な道を、あえて選んでいく時代が来ている」と思って間違いないのです。

したがって、今後の方向として、優秀な人が選ぶ道は二つあります。

一つには、今、花開いており、周りから「あそこは素晴《すば》らしい」と認められるところに行くのではなく、自分の技能や経験、学習に適応はするが、あまり日の当たらないところをあえて選んで、パラシュートで落下していくような生き方がありまます。自分の持っている技能を生かせる業界のなかで、ベンチャー企業でもよいですし、まだまだこれからの企業でもよいでしょうが、そうしたところに出ていくのが一つです。

もう一つは、「まったく違った世界に出ていく」ということです。例えば、法学部出身の経済学者が出ても構わないわけですし、文学部出身の工学研究者や、医学部出身の商人が出ても構わないわけです。

このように、「自分が過去に学習してきたものとはまったく違った分野に、キャリアを求めて進出していく」ということも一つの道だと思います。

なぜならば、今、大学教育や専門教育で教わる学問は、すでに過去のものであることが多いからです。そのため、これからの時代について何一つヒントを与《あた》えてくれないことが多いのです。

これからの時代を切り開き、前途《ぜんと》に対して道をつけていくための方法論は、実は現実社会のなかにあります。また、現実のなかに起きようとしている、未来からのさざ波のなかにあるのです。それを嗅覚鋭く《きゅうかくするど》嗅《か》ぎ取り、乗り切っていかねばならないのです。

したがって、これからは、「自分が過去にどのような学問を修めたか」ということにかかわりなく、職業選択《せんたく》がなされていくべきであり、そうした方向のなかで十分に生活できると思います。

はっきりと言うならば、これからの日本のトップエリートといわれる人たちは、人間の心の問題と取り組むようになると私は信ずるものです。「それを宗教と言い切れるかどうか」は必ずしも分かりませんが、少なくとも、人間の幸福を心の側面から捉《とら》えていく方向の仕事に、日本のトップエリートたちが自らの生きがいを見いだす時代が必ず来ると思います。

現在、そうしたエリートたちは、時代の花形とも言うべき金融《きんゆう》業や情報産業、そのような高収入を生む仕事のなかに流れ込んでいます。しかし、彼らは、やがて、情報を交換《こうかん》したり、金融ゲームによって利益をあげたりすることだけでは、とうてい生きがいを感じられなくなってくると思います。そして、古くて新しい問題、人間そのものの研究に入っていくと感じられるのです。

4　人類幸福化のための仕事

明らかに予言しておいてよいのは、「心の問題を中心として人間を幸福にしていく方向に、今後のエリートたちは集まってくる」ということです。私は、これを何度も何度も強調しておきたいと思います。その時代は、もうすぐそこまで来ており、二十一世紀になれば、トレンドとして明らかに出てくるようになると思います。

それは、ある意味で、行きすぎた経済の反作用でもあります。経済闘争《とうそう》に明け暮れてきた人間たちの思いの反作用が、「自らの心を修正し浄化《じょうか》する」という方向に働くようになってくるのです。

これからは心の問題が利益を生むようになり、大きな仕事になっていきます。

「鉄は国家なり」の代わりに、「心は国家なり」「心は世界なり」という時代が来ると私は思います。

しかも、職業としての選択《せんたく》のみではなく、サイドワーク、サイドビジネスとしての心の問題もあります。たとえ、どのような職業に就《つ》いているとしても、その職業に費《つい》やす時間以外の時間を、人間研究、人間の幸福研究、心の研究に費やすことが、時代の一つの潮流になってくるでしょう。

それが、大量の余暇《よか》を迎《むか》える今後の社会において、必然的に到来《とうらい》するものだと思います。「今後生み出される、余暇としての大量の時間を、いかに生産的に生きるべきか」が大きなテーマとなってきます。

したがって、その余暇の使い方を人々に説きうる人は真のリーダーになるはずなのです。「あなたがたには、自らの生活の糧《かて》を稼《かせ》ぐための労働以外に、しなければならない仕事がある」ということを説きうるのが真のエリートだと思います。

今までは、例えば、資格といっても、語学や運転、あるいは、お茶やお花など、さまざまな免状《めんじょう》を取るようなことが中心だったでしょうが、これからは、心そのものの黒帯、すなわち有段者を求める時代が必ず来ると私は考えます。

5　新時代のエリートになる三つの条件

こうした時代トレンドのなかで、真のエリートの条件は、現実の社会が考える基準とは少し違《ちが》ったものになってきます。その世界における真のエリートは、次の三つの条件を満たしていなければなりません。

一番目の条件は、人生の前半、あるいは最初の二十年において、現実的に見ても非常に優秀《ゆうしゅう》な人であることが認定されることです。

「資格を投げ捨てる時代、資格を脱《ぬ》ぎ捨てる時代が来る」と述べましたが、たとえ脱ぎ捨てられる資格であったとしても、脱ぎ捨てる前に確たるものを持っているのは大きなことになります。これは、医学部を出ようが、法学部を出ようが、工学部を出ようが、あるいは、それ以外のところで技能を持っていようが同じです。スポーツの選手であろうが何であろうが同じなのです。

人生の前半、最初の三分の一ぐらいのところで、際立《きわだ》った実績をあげておくことが大事です。それが、世の人々からリーダーとして認められるための資質の第一段階だからです。これが一つです。有能さ、優秀さを、まずいち早く示す必要があります。

そして、二番目の条件は、「危機や苦難、逆境のなかに身を置いた経験がある」ということです。「有利な条件があるにもかかわらず、それを顧《かえり》みることなく、困難な分野に、あえて挑戦《ちょうせん》した」という経歴が必要です。これがあってこそ、これからの時代には、多くの人々の称賛《しょうさん》や尊敬を受けるようになるのです。

「過去の経歴をものともせず、それを無視し、違ったところに進んで頑張《がんば》った」ということ、こうした苦労や苦悩《くのう》を経ていることが二番目の条件です。

三番目の条件は、「自分の過去の歴史とは異質な分野に進みながら、その両者を統合しつつ、まったく新たなものを生み出していく」ということです。これが大事です。

一つの例を出して話をしましょう。それまで医者をしていた人が経営者に転身したとします。その人は経営は不慣れでしょうから、最初は大変な苦労をするでしょう。しかし、やがて軌道《きどう》に乗り、経営者としての実力をつけていくようになったときに、彼の目が向くところは、いったい、どこでしょうか。

通常の経営者は金儲《かねもう》け中心で経営しているので、利益の数字しか見ないでしょう。しかし、医者出身の経営者が出たならば、その人は何を見るでしょうか。人間の健康を守ることを職業としてきた人が経営者になったならば、考えることは何でしょうか。

それは、「この会社は、どうすれば、社会全体の人々の健康に役立つ方向で生きていくことができるだろうか」というようなことでもありましょうし、「この会社に勤めている従業員たちは、どうすれば、能率よく働きながら、健康生活をエンジョイできるだろうか」というような発想でもありましょう。このように、会社の理念そのものが違ったものになってくるでしょう。

第一段階の「正」、第二段階の「反」、第三段階の「合」——こうした弁証法的な展開を繰《く》り返しながら、まったく新たなものができてきます。すなわち、医学の理念を体した会社ができてくるのです。

別の例を挙げてみましょう。金融《きんゆう》関係に進む人たちには、経済学部や商学部、法学部の出身者が多いでしょうが、そこに例えば理学部や工学部の出身者たちが進んだとします。彼らの考えることは文系出身者たちとは全然違うので、最初は大変な苦労をするでしょうが、彼らはやがて金融業界でも頭角《とうかく》を現してきます。

そうすると、彼らが次に考えるのは、さまざまな数式、あるいは科学的な予測手段を十分に駆使《くし》しての金融業界の再編成になってくるでしょう。こうした、まったく新たな思想が、金融業界に打ち込《こ》まれていくことになるはずです。

一方、立場を替《か》えて、法学部出身者が文学のほうに目を向けていき、人間社会を描《えが》くと、どうなるでしょうか。

かつては、文学部出身者や、そうした傾向《けいこう》のある人が文学者になっていたわけですが、法学部出身者が文学に目を向けると、単に人間の心を描くのみならず、実社会の仕組みまで描き切ることができるようになります。実社会の仕組みを描きながら、そのなかに翻弄《ほんろう》される人間の心を描くことができるようになるのです。

これは、かつての文学者たちの魂《たましい》の傾向とは違ったものです。そのような考えの小説や文学ができるようになってきます。そうしたことがありうるわけです。

このように、異質の発想を持って新たなものを生み出していくことが、今後の時流になってきます。これは素晴《すば》らしいことですし、やがて世の人々の喝采《かっさい》を浴びることになってくるでしょう。

本節で私が述べたことを復習していただきたいと思います。

真のエリートの条件として、一番目には、比較《ひかく》的早い時期に才能を認められる必要があります。

二番目には、自分にとって、まったく不利な条件のなかで、その才能を花咲《さ》かせる必要があります。

三番目には、自分が花咲かせた、その大地に、今までとはまったく違ったものを生み出していくこと、つまり、「自分が過去に学んだものを生かしながら、まったく新種の花を咲かせていく」という工夫《くふう》が必要です。

そこまで行けて初めて、海図なき未来社会のリーダーになっていくことができます。こうした経験を経た者が、真のエリートとして認定されるようになっていくでしょう。その背景には魂の新たな発展・進化が常に要請《ようせい》されていることは言うまでもありません。

このように、魂の器《うつわ》を広げ、その高みをさらに押《お》し上げていく努力のなかに、真のエリートとして認められていくものがあると考えられるのです。

第5章

仕事と愛

1　愛の本質と仕事

現代人にとっては必要不可欠な「仕事」の問題を、仏法真理《ぶっぽうしんり》に則して、どのように捉《とら》え直したらよいのか。また、どのような態度で仕事に接し、処していくのが、仏法真理に適《かな》ったことなのか。こうした点について述べてみましょう。

まず、「仕事というものは、仏法真理の位置づけでは、どのようになるのか」という問題があります。

仕事を、仏教で言う八正道《はっしょうどう》のなかの「正業《しょうごう》」に当たると考える人もいるでしょう。もちろん、理論的な位置づけとして、八正道のなかの正業は、正しく仕事をすることを含《ふく》んでいるかもしれません。

ただ、この場合の「正しく仕事をする」ということは、主として反省的観点からのみ述べられていることが、いまひとつ不十分な点だと思います。もっと積極的な観点から、仕事というものを捉え直し、位置づけることができないかどうか。それが一つの課題になります。

したがって、私は、ここで、「愛と仕事」、あるいは「仕事と愛」についての考え方を整理してみたいと思うのです。

従来、仕事と愛の関係を十分に考えた人はいないのではないかと思います。みなさんにしても、おそらく、「一生懸命《いっしょうけんめい》に仕事をすることと愛とがどうかかわるのか」ということについて、それほど考えたことはないでしょう。

もし考えたことがあるとしても、「愛のなかには、『世の中のために尽《つ》くす』という面、愛の公的なる面がある。それゆえに、『社会に還元《かんげん》する』という意味での愛が、仕事に当たるのではないか」と考えた人が多いでしょう。もちろん、この観点が正しいことは言うまでもありません。

しかし、こうした公的な面での仕事、あるいは、「ユートピア建設という大目標の下《もと》での仕事」という観点だけではなく、もっと私的で個人的な領域に関する仕事についても、私は考えてみたいのです。

私は、従来、愛について、いろいろな角度から考察し続けてきました。

「愛の本質は、与《あた》えることにある。また、無償性《むしょうせい》にある」「愛とは、優《やさ》しいものである。しかし、あるときには厳しく表れることもある。また、あるときには強いものでもある」というように、いろいろな角度から話をしてきました。こうした優しさや厳しさ、強さということも、愛と仕事を考えるに際して、決して外すことができない観点だと思います。

まず、優しさというものを考えてみるならば、「多くの人に優しく接する」ということは、仕事の面においても、大いなる潤滑油《じゅんかつゆ》となり、力強い推進力ともなることでしょう。

また、厳しさは、愛のなかでも、特に「生かす愛」の面で出てくることが多く、厳しさのなかで、仕事を高度に仕上げていく技術が磨《みが》かれることも真理です。

それ以外に、「愛の強さ」というものが出ると、どうなるでしょうか。おそらくは、責任感となって表れてくることでしょう。仕事の面においては、部下を守る強い課長や部長となったり、従業員の生活を守り、会社の発展を限りなく求める社長の熱意ともなったりするでしょう。こうした面があることが予想されます。

これ以外に考えられること、あるいは言っておかねばならないこととして、「愛のきめ細かさ」ということがあります。

これは、例えば、母親が生まれたての赤ん坊《ぼう》をあやし、世話をするときの愛の表れ方だと言ってもよいかもしれません。赤ん坊が泣くと、なぜ泣くのかを母親は一生懸命に考え、おむつやミルクのことや、いろいろなコンディションのことを考え、きめ細かな仕事をしていきます。

愛のなかには、どうしても、こうした、きめ細かさというものがあります。しかし、それは母の愛だけを例に取るのでは不十分だと思うのです。

愛のきめ細かさが仕事一般《いっぱん》のなかに表れてくると、どうなるでしょうか。それは、おそらく、「ミスのない仕事」というかたちになるのではないかと思います。

2 仕事における愛の法則

「ミスのない仕事」という言葉は、けっこう手厳しい響《ひび》きを持っているかもしれません。仕事をしたことがある人ならば、誰《だれ》しも、「ミスをしたことがない」ということはないでしょうし、そのミスゆえに、後味が悪く、自分を責め続けたことも数多くあるでしょう。

なぜ、自分は、こんなに仕事ができないのか。なぜ、こんなに雑な性格なのか。

なぜ、こんなに、いつもいつも間違《まちが》ってばかりいるのか。私の頭はザルのようなものなのだろうか。このようなことを悩《なや》んでいる人は数多いと思うのです。

もちろん、一人だけで仕事をする人もいるでしょうが、仕事は、たいていの場合、他の人とのかかわり合いのなかにおいてなされます。同僚《どうりょう》、部下や上司、取引先など、いろいろな相手とのかかわり合いにおいて、仕事というものは存在します。そこに仕事の意味があるのです。

この関係は愛と実によく似ているとは思いませんか。「愛とは、人と人との間に生まれるものであり、人と人とを結びつけ合う力、人と人との関係学である」とも言われますが、「仕事も、まさしく、人間と人間との関係学である」と言ってよいかもしれません。

そして、人間と人間が意思を疎通《そつう》するために、書類というものがあるのかもしれません。この書類仕事というものを取ってみるならば、書類は、まさしく、相手への公的な手紙であるとも考えられるでしょう。

ただ、この公的なる手紙は、単に自分の思いを伝えるだけでは不十分であり、その内容を必要としている人が必ずほかにいるわけです。上司、あるいは対外的な存在が想定されているのです。そうであれば、書類づくり一つを取ってみても、「その書類を見る人の立場というものを考えたことがあるかどうか」が大事なのです。

あなたのつくった書類は必ず何人かの目を通ることになります。そして、その書類がミスに満ちているならば、他の人たちの多くの時間を奪《うば》うことになるのです。手抜《ぬ》き仕事が、さらに多くの仕事を生み、他の人たちの時間を奪っていくことになります。その意味では、手抜き仕事は「奪う愛」の表れである、と考えてもよいかもしれません。

ミスの多い仕事をする人は、他人の関心を常に自分のほうへ振《ふ》り向けようとしている子供のようにも見えます。いつもミスをしている人がいると、他の人たちは、その人の仕事をチェックしていなければなりません。これは、他の人の力を自分に割《さ》かせるわけですから、ある意味において、奪う愛に相当すると言えるのではないでしょうか。

「仕事も愛の具体化の一つである」と考えるならば、愛の法則が仕事の世界にも生きていることを知っていただきたいと思います。

この世界に生きている愛の法則とは、まず、「他の人のことを考えて仕事をせよ」ということです。「自分がした仕事の内容は、いったい誰に向けられたものなのかを、よく知りなさい」ということです。そして、相手が必要とするものをつくっていくことです。これが何にもまして大事なことなのです。

3　人々のニーズに応える

自分の仕事をあまりにも完全に追究しすぎると、他の人たちに迷惑《めいわく》をかけてしまうことがあります。これは、個人として仕事のレベルを測ると、まだまだ自己顕示《けんじ》の段階にあると言ってもよいかもしれません。「自分が納得《なっとく》のいく仕事をすれば、それで気が済むのだ」という段階です。

しかしながら、仕事が進んでくると、「自分だけが納得する」「自分だけが合理性を感じる」「自分だけが気が済む」ということだけでは許されなくなってきます。実社会においては、それは魂《たましい》の幼児性と取られる考え方だと思います。

自分としては十割の仕事をしたくとも、「他の多くの人の要請《ようせい》がどうであるか」ということを考えたならば、それに足並みを合わせなければならないときもあります。あくまでも自分のやり方にこだわるタイプの人は、やがて、その団体のなかでは傍流《ぼうりゅう》に押《お》しやられていくことになるでしょう。

これが、頭のよい人が失敗していく例でもあると思います。実社会では、会社に入るころには「頭がよい」と言われた人が、次第《しだい》しだいに窓際《まどぎわ》に追いやられていくことが本当にあります。こうした人の多くは学究肌《がっきゅうはだ》であり、自分の納得する仕事ばかりを追究していて、「会社全体が、あるいは、その部や課が、今、何を必要としているか」ということが分からない人なのです。

すなわち、「自己満足的な知、形式的な知にとらわれすぎて、全体とのバランスや他の人との協調性が失われた人は、頭がよくても、次第しだいに窓際に追いやられていく」という厳しい現実があるわけです。

このことを参考にして考えるならば、仕事ができない人にも二種類のタイプがあると思います。

一つは、明らかに能力不足ゆえに仕事ができない人です。もう一つは、能力がありすぎて、他の人と協調できないために、仕事ができない人です。両者とも、組織のなかで仕事をしていくと、他の人に多くの迷惑をかけるようになっていくでしょう。

「仕事も愛の発現の一つである」と考えるならば、一段高い観点に立ち、多くの人々にとって望ましい結果となるように、努力しなければならないと思います。

特に、実社会は、文筆業のように自分の独自性を追究している世界とは違《ちが》い、多くの人々のニーズによって動かされています。したがって、よい仕事をするためには、ニーズを、すなわち、他の人々の要求、需要《じゅよう》を、いち早く察知することが必要だと思います。

また、「自分の上司は、どのような性格であるか」ということを、いち早く見抜《ぬ》くことも大事です。正確な仕事を要求しているのか。速い仕事を要求しているのか。緻密《ちみつ》な仕事を要求しているのか。まず、「上司は、いったい何を要求しているのか」ということを知る必要があります。

およそ、世の中にあって役に立つ仕事をしようとする人であるならば、人々のニーズ、要請は、決して無視してはならないものだと思うのです。

世の中は多くの人々で成り立っています。多くの人が、どのようなかたちで生息しているかというと、「お互《たが》いに相手を必要とする方向において、社会が成り立っているのだ」と言ってよいでしょう。お互いに他の人を必要とするからこそ、社会という共同体が成り立っているのだと思います。

したがって、よき仕事をしていくためには、他の人々の要請によく応えなければならないのです。

4 サービス精神と愛

「他の人々の要請《ようせい》によく応える」ということは、ある意味でのサービス精神です。サービス精神というものを、何か、軽薄《けいはく》なこと、上《うわ》っ面《つら》だけのこと、あるいは金儲《かねもう》け主義のように捉《とら》える人も多いでしょう。しかし、サービス精神の奥《おく》にあるものは、やはり愛の心だと思います。

「他の人々に満足していただきたい」という心は、決して浅ましい心ではありません。自分の仕事を機縁《きえん》として、より多くの人々に満足していただき、「よかった」と言っていただく。こうした精神で仕事をするのは大事なことです。

その仕事の性質は、いろいろでしょうが、少なくとも他の人々に迷惑《めいわく》をかけるような仕事をしている場合には、「現在の自分は、奪《うば》う愛の実践者《じっせんしゃ》なのだ」ということを知っていただきたいのです。そして、「多くの人々に喜ばれる仕事をすることこそが、与《あた》える愛なのだ」ということを考えていただきたいと思います。

そのときに大事なことは「適材適所」の考え方です。自分としては「人より偉《えら》くなりたい」とだけ思うかもしれません。しかし、あなたが偉くなったとき、あなたに能力があれば、多くの人々への愛になりますが、能力が不足していれば、残念ながら、その逆となってしまうこともあるでしょう。「多くの人々の称賛《しょうさん》を集めるためだけに偉くなりたい」ということであって、他の人々の役に立たなければ、それは悪となることもあるのです。

したがって、「出世というものは、あくまでも仏や神の思《おぼ》し召《め》しの結果である」と考えて、自分の長所を最大限に生かせるような仕事を中心にしていくことが大切だと思います。「自分の長所を最大限に生かし、できるだけ短所が表れないようにする」――それこそが本当の仕事の精神ではないでしょうか。

「サービス精神、サービス・マインドというものが、仕事に愛のエネルギーを吹《ふ》き込《こ》むための大いなる力である」ということを知っていただきたいのです。他の人々を気遣《きづか》う心。真心を込めて仕事をすること。仕事に誠意がこもっていること。これらは大事なことです。

したがって、何か一つでも人に愛を与えんとする人は、まず、自らの日々の仕事のなかに真心を込めることです。他の人の要請を十分に汲《く》んであげることです。その結果、自分も、その周りも、すべてがよくなる方向に進んでいくことが大事なのです。

「きめ細かさも愛である。そして、愛には、『他の人の要請を見失わない』という、賢明《けんめい》なところがある」ということを、どうか知っていただきたいと思います。

第6章

休日の効果

1 静的な幸福

本章では、八月の休暇《きゅうか》を例に取り、「休日の効果」というものを考えてみましょう。

現在まで、私は、さまざまな教えを説いてきました。それらの教えに共通する考え方は、「とにかく、努力・精進《しょうじん》しかない。向上しかない」というものでした。

この考えは基本的に正しいものであり、大部分の人々は、この教えの下《もと》に生きていくべきだと私は思います。

しかし、人間の幸福を考えた場合、単に努力・向上を目指しているなかだけに幸福があるとは言い切れないものが、どうしてもあるのです。それは、「ごくささやかな幸せがある」「動的な幸せではない静的な幸せがある」ということです。

これもまた、人間にとっては、幾《いく》千年、幾万年を経て、永遠の真理として輝《かがや》き続けているものではないかと思うのです。

夏になると、学校は夏休みに入ります。また、企業《きぎょう》の多くも夏休みを採用しています。その理由の一つとして、「夏には暑さのせいで体が夏バテとなる。その疲労《ひろう》を回復し、英気を養うためには、心身を休め、リフレッシュする必要があるのだ」とされています。

日本人は、「働くことは上手だが、休むことは下手だ」と言われています。これは、日本がこれほどまでに発展・繁栄《はんえい》してきた、大きな原因の一つであることは否《いな》めない事実でしょう。

しかしながら、欧米人《おうべいじん》の行動様式を多少とも理解している人間の一人として、私には欧米人の考え方が実に面白《おもしろ》く思えるのです。

日本人の働き好きは、年がら年中、忙《いそが》しそうに働いている、アリやハチのような生活だと言ってもよいでしょう。ところが、欧米人たちの考え方は少し違《ちが》っているように私には思えます。彼らの仕事の仕方には、まるで草原の百獣《ひゃくじゅう》の王ライオンのようなところがあると思うのです。

ライオンは、「獲物《えもの》を捕《と》らえる」という〝ここ一番〟のときには、「この仕事の失敗は決して許されない」というような強い決意の下《もと》に、全身の筋肉を使って全力疾走《しっそう》し、一打にして相手を撃破《げきは》するほどの強力なパンチを打ち出します。すなわち、一撃にしてカモシカやシマウマを倒《たお》す、力強く俊敏《しゅんびん》な動作が見られるのです。

しかし、その反面、満腹になったあとのライオンは、草原の木陰《こかげ》で、あるいは日だまりのなかで、目を細め、うつらうつらとしています。そのときには、どんな動物が前を通っても、まったく見向きもせずに、平気で居眠《いねむ》りをしているのです。

2　ライオン型の生き方に学ぶ

このライオンの生活を見てみると、私は、「バネのたとえ」というものを思い起こさざるをえません。それは、「バネというものは、よく伸《の》びるためには、よく縮まなければならない」という思想です。

伸びっぱなしのバネもなければ、縮みっぱなしのバネもありません。よく縮んだバネは必ずよく伸びます。また、よく伸びたバネは必ずよく縮みます。これが優《すぐ》れたバネの真実なのです。

ライオンの生き方は、こうしたバネのような行動パターンであると私には思えるのです。

アリやハチなどの行動パターンから見ると、ライオンは、暇《ひま》なときには、非常に怠惰《たいだ》なように、怠《なま》けもののように見えます。一方、ライオンが働くときには、アリやハチからは信じられないような、獅子《しし》奮迅《ふんじん》の活躍《かつやく》をするようにも見えます。毎日毎日を汗水《あせみず》垂らして働くライフスタイルの動物たちには、これが理解できないだろうと思います。

こうした動物たちの生活パターンを、一般《いっぱん》化して理論化するつもりはありませんが、「世に立って大きな仕事をする人は、どちらかというと、ライオン的な生活パターンを部分的には持っているのではないか」と私は推測しているのです。

ここ一番で活躍するべきときが人間にはあります。人間の実力の伸び方は一直線ではありません。段階的に伸びていくのが真実なのです。

すなわち、一定のところまでは伸び悩《なや》みますが、それを超《こ》えたときに、それまでためてきた力が爆発《ばくはつ》的に湧《わ》き出してきて、一気に伸びるのです。そうしたことの繰《く》り返しです。みなさんも、そうしたかたちで自分の人生のレベルを上げてきたのではないかと思います。

すなわち、「ここぞ」というところで、瞬発力《しゅんぱつりょく》が必要となってくるのです。瞬発力とは、目の前に立ちはだかる崖《がけ》を一気に駆《か》けのぼる力です。

目の前の崖を一気に駆けのぼってしまえば、そこには、また、広々とした平原が現れてきます。そして、この平原をゆっくりと歩いていくうちに、次なる断崖《だんがい》が現れてきます。この断崖絶壁《ぜっぺき》をまた一気に駆けのぼると、次なる平地が現れてくるのです。このように人生を捉《とら》えることもできるでしょう。

「一年中、試練に遭《あ》いっぱなし」ということはありません。大きな試練と見えるものが目の前に現れてくるのは、一年のうちで、ほんの数回ではないでしょうか。そのときに全力を出し、知力と体力を絞《しぼ》り出すためには、「バネのたとえ」のごとく、力をためる時期が必要なのです。

欧米人《おうべいじん》には、このライオン型の発想ができますが、日本人には、どうしてもこの発想ができません。日本人の場合、あるときには、がむしゃらに働いても、別のときには、ゆっくりと休んでいると、その人は、気まぐれで怠け者であるかのように見られてしまうことがあるのです。

もちろん、「仕事や勉強からの全面的撤退《てったい》」という意味での休養を求めるのであれば、怠け者や脱落者《だつらくしゃ》と言われてもしかたがないでしょう。しかしながら、そうした非生産的な休養だけが休養なのではありません。休養には、積極的な効果というものがあるのです。

3 ベストコンディションで仕事をする

二十世紀後半において、日本は極《きわ》めて注目される国であり、私たち日本人は、その勤勉さと繁栄《はんえい》を、他の諸民族から羨望《せんぼう》の目で見られています。こうしたときに私たちが考えねばならないのは、もう少しスケールの大きな発想と、もう一段力強い建設的な仕事の展開ではないでしょうか。

そのためには、アリ的な発想、ハチ的な発想も十分に大切ではありますが、ときにはライオンのごとき人が躍《おど》り出てくる必要があると思います。私は、大多数の人々には、アリやハチのように勤勉に生きていただきたいと思いますが、幸福の科学の仏法真理《ぶっぽうしんり》に触《ふ》れて目覚めた人に対しては、ときにライオンのようになっていただきたいと思うことがあるのです。

幸福の科学の会員のみなさんには、潜在《せんざい》的素質の非常に高い人が多いと思います。知的水準も高く、先天的に信仰心《しんこうしん》に富み、善良で、他人に対する優《やさ》しさと愛に満ち溢《あふ》れた、素晴《すば》らしい性格の持ち主が、当会の会員のなかには数多くいます。

こうした人たちは、いったん火がつけば、燃え上がる草原の炎《ほのお》のようにもなり、また、ライオンのごとく猛《たけ》り狂《くる》うことさえ可能だと思うのです。それだけの敏捷《びんしょう》な筋肉、強靱《きょうじん》な力を有している人たちだと思います。

そうであればこそ、ときおり、発想の切り替《か》えをしていただきたいと思います。自分の活躍《かつやく》が、アリやハチのようなものではなく、ライオン的になってきたと思うならば、「ライオンは、何ゆえに、あれほどの瞬発《しゅんぱつ》的な力を出せるのか」ということを考えていただきたいのです。

それについては、まず、「ここ一番の仕事のときに、己《おのれ》の全身の筋力を使っている」ということが挙げられると思います。「全身の筋力を使う」とは、「その仕事を最上の仕事にするために、自分のコンディションをベストに持ってきている」ということです。

毎日毎日、小刻みに力を出し、疲《つか》れてしまっている人たちの多くは、「ベストのコンディションで、ベストの仕事をこなす」ということが、できなくなってきているのではないでしょうか。そうであるならば、こうした考え方をもっと持っていただきたいと思います。

自分の持っているエネルギーを、いたずらに蕩尽《とうじん》することなく、「自分が抱《かか》えている仕事のなかで、いちばんエネルギーを要する問題はどれか」を考え、その問題を解決することに全力を出すために、すべてのコンディションを整えていく努力が必要だと思えるのです。

4　休息の積極的意味

自分のコンディションを整えるために、休日を積極的に使っていただきたいと私は考えています。日本人は休日の使い方がとても下手です。「休む」ということ、「力を蓄《たくわ》える」ということを知らないのではないかと思えるのです。

経済学の法則のなかに、「収穫逓減《しゅうかくていげん》の法則」というものがあります。「効用逓減の法則」と言われる場合もあります。それは、「単位当たりの満足度において、最初の一単位で得られた満足度よりも、二単位目、三単位目、四単位目と、新たな単位が次々と増えるに従って、得られる満足度がしだいに減ってくる」という考え方です。

例えば、お腹が非常に空《す》いていたとします。そうした空腹のあとで食事にありつけたならば、一膳《いちぜん》目のご飯は、舌もとろけんばかりのおいしさでしょう。ところが、同じくご飯一杯《いっぱい》でも、二膳目になると、喜びが少し減ってきます。三膳目になると、もっと減ってきます。四膳目、五膳目になると、しだいに食べられなくなってきます。これは、「ご飯一杯の効用が逓減した」と考えてよいでしょう。

勉強の効果の場合も、同じように考えられます。一日中、同じ科目を勉強していると、頭に入ってくる量が次第《しだい》しだいに減ってきます。最初の一時間では非常にいろいろなことが学べたのに、二時間目、三時間目になってくると、気が散って、ほかのことを考え始め、しだいに収穫が減るようになるのです。

ところが、「根性《こんじょう》で勉強する」ということを主体に考えている人は、いくら収穫が逓減してきても、「これでもか、これでもか」と、五時間、八時間、十時間、十二時間と勉強を続けるようになっていきます。

しかし、ただ漫然《まんぜん》と三時間勉強するよりは、「一時間勉強して十分の休憩《きゅうけい》を入れ、さらに一時間勉強して、また十分の休憩を入れる」というようにしたほうが、はるかに効率は上がっていくのです。これは、単純ではありますが、いつも変わらない真理なのです。

それゆえに、みなさんに、まずお教えしたいのは、「収穫を増やしていくためには、適度の休息を取る必要がある」ということです。

仏法真理《ぶっぽうしんり》の学習においてもそうです。一日中、あるいは、毎日毎日、仏法真理の学習をしていると、やがて収穫の逓減が始まり、満腹状態が表れてくることがあります。こうした人は、本当の意味での効率的な勉強方法を、まだまだ知らないのです。そうした状況《じょうきょう》が表れてきたときには、一定期間の休息を取ることです。例えば、日曜日に勉強する場合には、「まる一日、ただ漫然と本を読むのではなく、適当に休憩を取りながら読む」ということにもなるでしょう。また、一週間規模ならば、「一週間のうちに、五日、勉強し、勉強しない日を、二日、設ける」「六日、勉強して、休みの日を、一日、設ける」という考え方もあるでしょう。

もっと大きな期間で見るならば、一カ月や三カ月単位の考え方もあるでしょう。一カ月のうち、三週間、勉強して、一週間は適当な休息を取る。三カ月のうち二カ月は勉強して、一カ月は休息を取る。こうした考え方もあります。

いずれにしても、これは、単なる怠《なま》け心とは違《ちが》って、積極的に収穫を増やしていくための方法論であることを忘れないでいただきたいのです。これが積極的休養の効果の一つです。

5　時間効率を最大限に引き上げる

もう一つ、「目先を変えてみる」という方法をお教えしたいと思います。

「一つのことをあまり長くし続けると、効率が落ちてくる」ということは、すでに述べたとおりです。

このときに休息を取ることができない場合には、やるべき事柄《ことがら》を変えることによって、休息に近い効果を上げることが可能です。退屈《たいくつ》なことをやらずに、刺激《しげき》の変わる別の仕事を、いろいろと組み込《こ》んでいくのです。こうしたことによって気分転換《てんかん》ができ、長くもつようになっていくこともあります。

この気分転換の方法は、例えば、書斎《しょさい》で勉強をするときには、「読む本を変える」ということもあるでしょうし、「あるいは読み、あるいは書き、あるいは聴《き》く」というように、「違《ちが》った器官を使う」ということもあるでしょう。

また、これとは別に、「場所を変える」という方法もあるでしょう。例えば、「書斎では本を読み、寝室《しんしつ》ではテープを聴き、応接間ではカードを取る」というように、「場所を変えることによって気分転換をしていく」という方法がありま す。

いずれにしても、一日の時間は極《きわ》めて限られているので、この一日の時間の効率や濃度《のうど》、密度を最大限に引き上げるために、あらゆる工夫《くふう》を怠《おこた》らないでいただきたいのです。

以上、大まかに二つの心掛《が》けについて述べましたが、何度も繰《く》り返して言っておきたいことは、「休日は単なるマイナスではない。さらに生産性を上げるために必要なのだ」という考え方です。

「収穫《しゅうかく》、効用が逓減《ていげん》してきた」と思うならば、目先を変え、環境《かんきょう》を変え、気分を変えて、そのなかに休養を織り込んでいくことです。そして、体力、気力、知力とも再び充実《じゅうじつ》してくるのを待つことです。

読み飽《あ》きるほど本を勉強した人は、一週間ぐらい、活字を読むことを断《た》ってみることです。そうすれば、また新鮮《しんせん》な感覚が湧《わ》いてくるに違いないのです。

こうしたことは、決して怠《なま》け心ではありません。さらに大きな仕事をしていくために、人生の途次《とじ》で、どうしても学んでおかねばならない技法でもあるのです。

本章を参考にして、現在の自分が乗り上げている暗礁《あんしょう》を乗り越《こ》えるための方法論、技術論を、各人が考えていただきたいと思います。

第7章

時間を活かす

1　密度の濃《こ》い時間を生きる

本章では、私たちの生活単位である時間の活かし方を考えてみましょう。

人間には幸・不幸があると言われていますが、「それは、ある事件の顚末《てんまつ》だけではなく、その人が生きた時間が、どのようなもので彩《いろど》られているかにもよる」と言えるでしょう。すなわち、人生を見るに際して、事件を中心に見ていくやり方と、時間を中心に見ていくやり方の二つがあるのです。

人生の総合点を上げるためには、時間当たりの平均打率を上げていくことが限りなく大切だと考えられます。

そこで、時間というものを深く考えてみたいと思います。

まず、ごく当たり前の常識ですが、一日は二十四時間から出来上がっています。

この事実は何人《なんぴと》もねじ曲げることができません。それほど、貴重かつ厳正な決まりなのです。

いかなる政治家も、いかなる国王も、いかなる哲学者《てつがく》も、この二十四時間を、一分たりとも伸《の》ばすこともできなければ縮めることもできませんでした。たとえ相対性理論を編み出した人であっても、時間を伸ばすことも縮めることもできなかったのです。

私がこの文章をつづっている間にも、時計の秒針は、一秒一秒、先へ進んでいきます。過ぎ去った、この一秒一秒は、まるで、私の指の間をすり抜《ぬ》けていく砂のごとくこぼれ落ち、もはや返ってこないもののように思えます。

「この二十四時間は、一秒一秒の集積であり、一分一分の集積である」という事実から、私たちは逃《のが》れることができません。「いかなる文明の産物も、いかなる人間的営為《えいい》も、時間のなかで行われているのであり、この時間を無視しては、そうした素晴《すば》らしい行為はなしえなかったのだ」と言ってもよいでしょう。

大きな海原《うなばら》には波があります。その波は、ひっきりなしに岸に押《お》し寄せては引いていきます。波が波である理由は、押しては引き、押しては引きしながら、一向に、それ以上のことをしようとはしないところにあるでしょう。

しかしながら、押し寄せてくる時間の単位のなかで、人間は確実に何かをしています。

惜《お》しむらくは、こうした時間を、まさしく湯水のごとく使ってしまい、自らの人生に資するもの、自らの人生を推《お》し進めるものに対して、何らの注意も払《はら》わない人たちがいることです。

読者の多くに、私は、今、訴《うった》えかけておきたいのです「みなさんは、もう一度、この時間の認識から始めていただきたい」と——。

時間は貴重なものです。そして、誰《だれ》もあなたから奪《うば》うことができないものなのです。あなたが、たとえ、どのような拷問《ごうもん》に遭《あ》おうとも、どのような状況《じょうきょう》に置かれようとも、一日の二十四時間は、あなたに与《あた》えられた黄金の時間であり、永遠のダイヤモンドであって、この値打ちをあなたから奪うことは誰にもできないのです。

これが、仏があなたに与えている最大の慈悲《じひ》でもあると言えましょう。

イエス・キリストにしても、その他の偉大《いだい》な人たちにしても、この二十四時間を使って、その人生を生きたのです。イエスの晩年を飾《かざ》る、あの「三年」という時間、「三十六カ月」という時間は、他のいかなる人の三十六カ月よりも密度の濃《こ》いものであったでしょう。

同じ時間を生きるに当たっても、そうした密度の濃い時間を生きることができるのです。みなさんは、「自分に与えられた時間を、どれだけ密度の濃いものとし、どれだけ中身のあるものとするか」ということに心を砕《くだ》かなければならないのです。

2　無駄《むだ》な時間は仕事と勉強のなかにある

時間を活かすに当たり、私が自らの体験を通して会得《えとく》したことを、みなさんに述べてみましょう。

みなさんが擁《よう》している時間は、どのようなもので成り立っているでしょうか。まず、これを考えてみていただきたいのです。自らの時間を、どのようなもので浪費《ろうひ》しているでしょうか。

みなさんは砂時計を思い出すことができるでしょう。砂時計の砂は、くびれた胴体《どうたい》部分を通って、サラサラと下に流れ落ちますが、その時間をつくっている一秒一秒は、まさしく純金です。金の砂です。その金の砂がこぼれ落ちているわけですが、それを、みなさんは、いったい、どのようなことに浪費しているでしょうか。

もし、「一日のうち一秒たりとも浪費したことがない」という人がいるならば、その人は本当に素晴《すば》らしい偉人《いじん》であると私は申し上げましょう。そうでない場合には、その人は、大嘘《おおうそ》つきか、あるいは、自分のことを何も考えることができない人間ではないかと思います。

いずれにしても、時間を活かすに当たっては、「時間を浪費しない」というところに出発点があるのです。時間を、「砂金のごとき重要なものだ」と思って、自分の指の間から、いたずらにこぼれ落ちるのを、防ぐことが大事です。あるいは、その砂金の粒《つぶ》の一つひとつを、本当に素晴らしい金色に光らせていくことが大事なのです。

さて、一日を振《ふ》り返ったとき、いちばん無駄《むだ》に使われているのは何の時間だと思いますか。「睡眠《すいみん》」と言う人もいるでしょう。「食事」と言う人もいるでしょう。「入浴」と言う人もいるでしょう。

しかしながら、私が、あえて、みなさんに申し上げるならば、食事や睡眠などの生活必要時間は、無駄なように見えて、意外にそうではないものなのです。それは生理的な欲求であり、それを無視しては必ず手厳しい報復が待ち構えているからです。

みなさんが無駄に使っているのは、むしろ、みなさんの仕事の時間、あるいは勉強の時間だと思います。これが、数十年にわたって考え続けてきた私の結論です。

人が時間をいちばん無駄に使うのは、無益なことにおいてではなく、自分が「有益だ」と信じていることにおいてです。「価値あること、値打ちあることをしている」と自分では思っていることのなかに、いちばんの無駄があると思います。

これは非常に逆説的に聞こえることでしょう。しかし、人生の大部分を過ぎて、人生の黄昏時《たそがれどき》を迎《むか》えている人たちには、私の言葉がどれほど真実に満ちているか、お分かりのことと思います。

みなさんが自分の人生を後悔《こうかい》するのは何のせいでしょうか。多くの睡眠時間を伴《ともな》ったからでしょうか。長々とした食事時間を伴ったからでしょうか。余暇《よか》に、テニスをしたり、ゴルフをしたり、水泳をしたりしたからでしょうか。そうではないでしょう。

みなさんの後悔の主たるものは、みなさんの人生の大部分を貫《つらぬ》いている仕事にあるのではないでしょうか。あるいは、みなさんが数十年にわたって学んできた勉強そのもののなかにあるのではないでしょうか。「仕事のなかに、あるいは勉強のなかに、実りが少なかった」ということ、そこに、いちばん多くの後悔があるのではないでしょうか。

3 「パレートの法則」と時間

世の中に広く受け入れられている法則として、「パレートの法則」というものがあります。別名を、「八割・二割の法則」ともいいます。これは、「物事は八対二に分割《ぶんかつ》することができる」というものです。

例えば、「ある会社で百万円の利益が上がっているとするならば、その百万円のうちの八十パーセント、すなわち八十万円までは、社員のうちの二十パーセントの人が上げている」「百億円の売上高があったならば、そのうちの八十億円までは、社員のうちの二割が上げている」という考え方です。

この考え方は、いろいろなところで使われます。例えば、あなたが一日のうち八時間を仕事に使っているとするならば、あなたの仕事に、よい結果、素晴《すば》らしい果実をもたらした時間は、その八時間のうち、ほんの一部なのです。あるいは、一日の仕事時間を十時間としたならば、十時間のうちの二時間と考えてもよいでしょう。それが、あなたにいちばん大きな手柄《てがら》を立てさせる時間なのです。

一日の仕事時間のうちの二割の部分が、その日のあなたの仕事の成功を決めているのです。そして、残りの八割の部分は、そう大きな役割を果たしていません。そのようになっています。

このパレートの法則をどのように使うかというと、仕事でも人間の集団でも何でもそうですが、「物事が成り立っているときには、そのなかで、いちばん重要なのは二十パーセントだ」と考えるのです。それは、「この二十パーセントを制する者にとっては、全体の八十パーセントを制することができる」ということを意味します。

会社での人事管理でもそうです。会社全体の人を掌握《しょうあく》しようとするのは難しいかもしれません。しかし、そのなかの重要な人たちを二十パーセント押《お》さえれば、会社の人事の八十パーセントを押さえることができます。キーになる人を二十パーセント掌握することによって、全体の大部分を掌握することができるのです。そうしたものなのです。

また、「商売が成功するかどうか」については、さまざまな予想をして分析《ぶんせき》しますが、「将来、成功するかどうか」を決めるファクター（要素）のなかで、いちばん重要なのは、そのなかの二十パーセントです。そのなかの二割が決め手になるのです。

これを、「強弱の原則」、あるいは「アクセントの原則」と言ってもよいでしょう。漫然《まんぜん》と仕事をしたり、漫然と物事を分析したりするのではなく、そのなかに含《ふく》まれている重要な二割の部分をつかみ出すことができれば、非常に大きな集中力と達成力、実現力を身につけることができます。そして、成功していくのです。

人生に失敗するのは、多くの場合、その人が持っている完全主義が原因となっています。完全主義の欠点は、常に百パーセントを狙《ねら》って、結局、ゼロを得てしまうことが多い点にあります。全打席でホームランを狙い、全打席で三振《さんしん》になってしまうことがよくあるのです。

「自分に、今、必要なことは何か」を考えた場合、プロ野球の四番バッターのように、常にホームランを期待されている人でなければ、たいていの人にとっては、ヒットを打つことが大事なはずです。そうであれば、ヒットを打つことだけに集中していけばよいのです。

ホームランではなくヒットを打つことに意識を集中すれば、そうした二十パーセントの努力によって、八十パーセントに当たる成果をあげることが、おそらくできるようになるでしょう。

すなわち、「外野スタンドにまでボールを運ぼうとするのではなく、ジャストミートを心掛《が》ける」ということが大事です。それだけの努力で、信じられない奇《き》跡《せき》のような効果が表れ、数多くのヒットを打つことができるようになるのです。

4　勝敗は二割にある

プロ野球には優秀《ゆうしゅう》なピッチャーが数多くいます。彼らは、球も速く、球種も数多く持っています。しかし、あるピッチャーはよく勝ち、あるピッチャーはよく負けます。そして、「毎年、十五勝や二十勝をあげる人」もいれば、「毎年、負け越《こ》す人」もいます。

ところで、よくよく分析《ぶんせき》してみると、勝利投手になる人は、他の人より球がかなり速いかといえば、そうではありません。また、他の人より球の種類がかなり多いかというと、そうでもありません。では、どこが違《ちが》うのでしょうか。

ピッチャーの投球をパレートの法則に当てはめてみると、例えば、一試合で百球投げるとして、「勝利投手になるか、敗戦投手になるか」ということは、この百球のうちの二十球が制していることになります。この二十球の部分が大きなポイントを握《にぎ》っているのです。

一試合は九イニング（回）ですから、二十球だと、「各回、二球強」ということです。すなわち、「その投手を勝利投手にするか、敗戦投手にするか」ということを決める球は、一つのイニングにおいて二球です。勝負になる、この二球で失敗した場合に敗戦投手となり、成功したときに勝利投手となります。「ここぞ」という勝負球において失敗するか成功するかが決め手なのです。

たいていは一イニングに四人か五人の打者が回ってくるでしょう。このなかで危険な相手は、たいてい二人ぐらいです。この二人に対する勝負球の各一球、これが勝敗を分けるのです。その一球を、相手が待っているコースに投げ込《こ》んだ場合には、打たれてしまいます。ところが、それを、相手が待っていないコースに投げ込む投手が、結局は勝利投手となっていくのです。

したがって、本当に優秀な投手は、百球すべてを全力で投げる投手ではなく、百球のなかの二十球、すなわち、各イニングにおける二球、「ここぞ」という二球に全力をかける投手のことなのです。この二球、全イニングにおける二十球に成功した人は、その八十パーセントにおいて勝利することができるわけです。

以上の話で、みなさんは、私の言わんとすることが、だいたい分かってきたのではないかと思います。

男性の多くは、人生のうちの三十年、あるいは四十年を、一つの会社で過ごしています。その結果、成功する人もいれば、成功しない人もいます。重役や社長にまで出世する人もいれば、そこまで出世しない人もいます。それは、まさしく、一日一日の積み重ねの結果です。

しかし、「一日一日」と言いながら、一日の仕事時間のうちで本当に大切なのは、そのなかの二十パーセントなのです。この二十パーセントのなかにおいてヒットを打つことに心掛《が》けていた人は、必ず立身出世することになっているのです。たいていの人は、この法則に気づかずに、一日をダラダラと過ごしていきます。八時間、十時間を、毎日毎日の繰《く》り返しで過ごしていきます。そして、一生を通してみると、「課長止まりであったり、部長止まりであったり、あるいは役員になったり」という結果があり、それは全体の集積の結果だと思っています。

そうではないのです。時間の使い方を仕事に照らし合わせてみるならば、これは、まったく違っています。

その日一日のうちの二時間なら二時間を、必ず成果をあげるために使うことです。一日のうち、朝の九時から夜の七時まで働いているとするならば、勤務時間は十時間です。「この十時間のなかで、自分を勝利させるための時間は二時間だ」

ということを考えるのです。そして、その二時間を、一日のうちのどこに設定するか、考えるのです。

その二時間に、最も効率のよい、最も収穫《しゅうかく》の多い仕事をすることです。そうすれば、あとの八時間においては、まあまあ平均のことをしていればよいのです。大きなミスをしないようにしていればよいのです。全力を集中して、この二割の時間、二時間を成功させることです。

営業の仕事であれば、「全力投球をして仕事を決めるのは一日のうち二時間」と考えることです。それ以外の仕事であってもそうです。とにかく、一日のうちで、まず、何か大きな収穫をあげることに全力を投入するのです。それは、「一日のうちに、いちばん効率のよい仕事をする時間帯をつくる」ということです。

その時間を守るためには、他のものが、多少、犠牲《ぎせい》になっても構いません。この二時間を確保することができれば、その日のうちの八割の成功は達成できたことになるのです。

5　集中的に効果を生み出す

みなさんは、「大川隆法という人間は、毎日毎日、文章を書いているのではないか」と思うかもしれませんが、事実は、そうではありません。私が書物の制作に費《つい》やす時間は、一カ月のうちのごく一部の時間です。しかし、この時間は、たいへん緊張《きんちょう》度の高い時間です。

この機会をつくり出すために、私は下準備をしています。数多くの勉強をしています。そして、体調も整えています。考えもまとめています。心に執着《しゅうちゃく》はありません。まったく最高の状態において原稿《げんこう》をつくっています。しかし、「そのあとは、マラソンで五、六キロ走った場合のように、疲《つか》れ切ってしまうことも事実である」と、正直に告白しておきましょう。

最良の日の最良の時間帯に情熱を注ぎ込《こ》み、まったく凝縮《ぎょうしゅく》された思考によって、私は一気に書物をつくっています。その時間を持つために、残りの時間があるのです。そして、準備のために、大量の本を読んで参考にしたりしています。もちろん、反省や瞑想《めいそう》のための時間が大量に必要なことは言うまでもありません。

私自身にとっても、「八割・二割の原則」は当たっています。私の人生の時間のうち、毎月の時間のうち、一日の時間のうちの、八十パーセントを制するために、私は、二十パーセントのところに最高度の情熱を注ぎ込み、最高の能率をあげるようにしています。「これが、やはり勝利する鍵《かぎ》だ」と思っています。

したがって、毎日デスクワークをしている人も、どうか、「ダラダラとやればよい」と考えないでいただきたいのです。一日のうちに、効率的な時間を、二時間、取ることです。高級霊《こうきゅうれい》が自分に乗り移って自動書記でもしながら、あるいは自分の口を使いながら仕事でもしているかのごとく、インスピレーションが湧《わ》く、充実《じゅうじつ》した時間を取ることです。

あるいは、これをもっと大きく広げるならば、「十日のうち二日は非常によい仕事をする」という考えでもよいかもしれません。とにかく、時間の使い方においては、アクセントを設け、集中的に効率的な結果を出していくことが大事なのです。

勉強もそうです。毎日、十時間以上、ダラダラと勉強しても、大きな力はつきません。十時間の勉強のなかで、いちばん効率的なのは、そのうちの二時間です。いちばん効率的な、この二時間を、あなたの体調のいちばんよいときに取るべきです。いちばん体調のよいときに、いちばん必要な勉強をすることです。

また、本を読む際にも「八割・二割の原則」は働いています。

私の著書は数多く出ているので、「とても読み切れない。消化できない」と悩《なや》んでいる人もいます。そうした人たちにも言いたいのです。一冊の本のなかで、本当に重要なことは、そのなかの二割です。

二百ページの本を、そっくり暗記しようと思ってはなりません。そのなかで本当に重要なことは四十ページ分しかありません。「この四十ページ分を、どうやって選び出すか。つかみ出すか」ということが大事なのです。

そして、この四十ページ分を精読《せいどく》すればよいのです。あとのところについては、「目を通し、読んだ記憶がある」という程度でよいのです。残りの二割のなかに、珠玉《しゅぎょく》の言葉、叡智《えいち》があります。その部分をつかみ出すことです。

本章の文章は、原稿用紙に直せば、おそらく二十枚余りになるでしょう。この二十枚のうち、本当のエッセンスとなるのは、やはり二割です。原稿用紙四枚程度が本当のエッセンスなのです。

原稿用紙四枚分を、この文章のなかから抜《ぬ》き出すことです。そして、それを覚えてしまうことです。マスターしてしまうことです。こうすることによって、あなたの実力は、ますますついてくるのです。

「人生において、いちばん無駄《むだ》な時間は、仕事の時間、勉強の時間のなかにある。このなかにこそ、いちばん集中的に効果を生み出していくことが大事である」ということを、どうか学んでいただきたいと思います。

第8章

人間の可能性

1　向上のための具体的方策

本章では、人間の可能性について考えてみましょう。

「人間の可能性」といっても、「ずいぶん漠然《ばくぜん》とした題だ」と考える人も多いことでしょう。「実際、この漠然とした方向性こそが、人間の持つ可能性の広がりを示している」と言っても過言ではないかもしれません。

私は、常日ごろ、幸福の科学の会員のみなさんに、「もっともっと能力を引き出せ。みなさんには、隠《かく》された、たくさんの力があるのだ」と述べています。霊《れい》的《てき》な世界の真実に目覚めた人であるならば、それを当然のこととして受け取るかもしれません。ただ、その際に、「単純な結論に走っていただきたくない」という気持ちが私にはあります。

みなさんは、「反省をし、心の曇《くも》りを取り、霊界と同通すれば、この地上と大宇宙の秘密はすべて解き明かされ、自分の悩《なや》みはなくなる」と考えているかもしれません。しかし、実際の道は、そう簡単なものではないと言ってよいのです。

人間は、物事を深く知れば知るほど、さらに先のことが気になるものです。また、他の人の気持ちが分かれば分かるほど、悩みもまた深いと言ってもよいかもしれません。さらには、自分自身の心の本質を知れば知るほど、迷いらしきものが見えてくることもあります。

このように、向上への道を歩みつつあっても、その途中《とちゅう》途中では、さまざまな障害物が立ちはだかるように見えるのです。それは、単純に一言で「魔境《まきょう》」と言ってよいものではありません。もっと一般《いっぱん》的なものです。一般的に、高きを目指せば目指すほど、広きを目指せば目指すほど、深きを目指せば目指すほど、それ相応の抵抗《ていこう》が現れてきます。

それだけの力、それだけの才覚を備えていなければ、そうした高い立場、広い見識、深い洞察力《どうさつりょく》を目指せば目指すほど、苦しみと思えるものが次から次へと現れてくるのです。

では、向上への道をあくまでも歩み続けている人間、絶えず絶えず、向上し向上し、伸《の》び続け伸び続け、やがては天を摩《ま》さんとする人間が、さらに大きな可能性を求めて向上していくための具体的な方策、具体的な方法はないのでしょうか。そして、その方法論を、教訓として、より一般的に、より抽象度《ちゅうしょうど》の高いものにすることはできないものでしょうか。それを考えてみましょう。

2 人生を切り拓《ひら》く意志の力

まず、考えてみたいのは、「どうして人間は絶えず向上しようとするのか」ということです。この最初の疑問に答えていかねばならないと思います。

海辺では、一日中、波が寄せたり引いたりしています。それとリズムを合わせて、海辺の小石も寄せたり引いたりしています。こうした小石に心があるならば、彼らは一日をどのように感じているでしょうか。一年をどのように感じているでしょうか。一生をどのように感じているでしょうか。

小石には、「自分が波の動きとともに動いている」という事実をもって、「自分は大自然を形づくっている一部である」という自覚があるかもしれません。しかし、その自覚は、それ以上のものにはなりえません。

なぜならば、小石は、自分自身の力によっては、何一つなすことができないからです。小石は、波の力によって、あるときは押《お》され、あるときは引かれます。そして、他の石とぶつかってすり減ることもあれば、他の石を打ち砕《くだ》くこともあるでしょうが、あくまでも自然現象の一部としてとどまっています。

そうした、波間に漂《ただよ》う小石のような人生であるとしたならば、可能性という意味では、極《きわ》めて小さなものしかないでしょう。「やがて砕かれ、美しい砂浜《すなはま》の小さな砂になっていく」ということ以外には、可能性を見いだすのは難しいと言っても過言ではないかもしれません。

このような小石との対比で人間の人生を考えてみたとき、いちばんありがたいことは何でしょうか。それは、「人間には心というものがあり、心の領域のなかには、意志という強いものがある。そして、方向を定め、その方向に向かって、あらゆる能力を総動員し、人生を切り拓《ひら》こうとすることが、人間の努力なのである」と考えられる点です。

すなわち、小石とは違《ちが》って、力強い心、意志によって道が開ける――ここに人間の素晴《すば》らしい点があるのだと思います。可能性というものを考えたとき、この意志の力なくして道が開けることは、まずないのです。

ところで、面白《おもしろ》いことに、この意志の力というものは、必ずしも、生得《しょうとく》のもの、生まれつきのものではないのです。もちろん、生まれつき頑固《がんこ》な子供もいるでしょうし、生まれつき気の強い子供もいるでしょう。しかし、そうした性格の違いは多少あるとしても、それだけでは語れないものがあります。なぜならば、意志は鍛《きた》えていけるものだからです。

古くから、「精神力を鍛える」という言葉がよく使われますが、精神力と呼ばれているもののなかで、いちばん大事なのは、この意志です。意志とは、何か志を持って、それを果たさんとする、強い情熱です。そうしたエネルギーです。

そして、この情熱とエネルギーは、訓練を経て、次第《しだい》しだいに強くなっていきます。それは、あの海の押し寄せてくる波が、単に機械的に寄せてくるのではなく、まるで生き物のごとく、力強い意志を伴《ともな》っているように見えるのと同じです。

心強くあると、その人の念《おも》いは、一種の筋肉のように、障害物を力強くはね上げ、はね飛ばし、すべてのものを押しのけて、突《つ》き進むことができるようになってくるのです。

したがって、何事かをなさんとするならば、そして、その何事かが人間の幸福にかかわるものであるならば、しかも、その幸福が、そのなかで最も関心のある自分自身の幸福に関するものであるならば、まず意志を強くしなければなりません。

3 悔《くや》しさをバネとする

では、意志を強くするための方法として、どのようなものがあるのでしょうか。まず、最初の段階には、決して上等なものではありませんが、悔《くや》しさというものがあります。負けん気と言ってもよいでしょう。人間には、その精神エネルギーのもととなるものが幾《いく》つかありますが、「他の人に負けたくない」という気持ち、あるいは、自分の敗北を素直《すなお》には認めたくない気持ちがバネとなって、自らの意志を強くしていくための大きな力となるのです。

「大勢の人が同じ世界に生きている」ということは、「絶えず切磋琢磨《せっさたくま》を繰《く》り返している」ということなのです。切磋琢磨を繰り返すなかには、勝者となる者と敗者となる者が出てくるのは当然です。

もちろん、永遠の勝者や永遠の敗者というものがあるわけではないのですが、一時的なりとも敗者になった人間には、悔しさがあります。

この悔しさは、必ずしも地獄《じごく》的なるもののみではありません。他の人に劣後《れつご》した場合、一様《いちよう》に人々は悔しさを感じますが、この際の心境が非常に大事だと思います。悔しさを、さらに高度なもの、素晴《すば》らしきもの、積極的なものに転化していくこと、昇華《しょうか》していくこと、これは極《きわ》めて重要なことなのです。「偉人《いじん》」「英《えい》雄《ゆう》」と言われる人たちも、人生のうちのどこかでは、この悔しさをバネにして、さらに努力・精進《しょうじん》したことがあったはずです。

こうした部分は極めて基本的であり、ある意味では、誰《だれ》もが持てる感情かもしれません。間違《まちが》ったプライド、偽《いつわ》りの心、とどまることを知らない競争心ばかりを強調すると、これは心の間違いになりますが、「悔しさを、自らを向上させるバネとしていく」という、天国的な使用の仕方もあるわけです。

したがって、現状のままでは、何らやる気が出ず、向上心も出ないけれども、何とかして自分をもっと盛り立てたいと思う人は、まず、この悔しさというものを考えていただきたいのです。

「自分には、どれだけの可能性があったか。どれだけの能力があったか」を考え、「それにもかかわらず、自分が、今、こうした立場で、こうした感情で、こうした能力でいることに対して、悔しくはないのか。発奮しなくてよいのか」ということを考えてみていただきたいのです。

あなたは、ご両親から生を享《う》け、愛情をかけて教育され、また、世の中に出てからも多くの人から期待されました。「そうしたあなたが、このままでよいのかどうか。恥《は》ずかしいとは思わないのかどうか」ということです。

また、自分と同じような境涯《きょうがい》にあったり、自分以下の境涯にあったりした人が、自分以上の成功を収めたり、自分以上の成果を手中に収めていることも、あるのではないでしょうか。

それを見て、悔しさをその人にぶつけるのではなく、自分自身にぶつける必要があると思います。いろいろなチャンス、機会が、もっともっとあったのに、それを十分に活かせなかった自分への悔悟《かいご》は、あってもよいのです。そして、発奮材料に使っていただきたいのです。

4　物事を理想化する能力

二番目に挙げておきたいのは、物事を理想化する能力です。これは、ごく自然に自分の内から突《つ》き上げてくる衝動《しょうどう》の一つですが、一番目に挙げた悔《くや》しさよりは、もう少し高尚《こうしょう》なものであると言ってもよいでしょう。

青年には数多くの美徳がありますが、そのなかの最たるものは、物事を理想化する能力だと思います。この能力さえあれば、いろいろな物事がバラ色に見え、目標は限りなく可能性に満ちたものに見えてきます。

現在、現状維持《いじ》のなかで苦しんでいる人、現状打破ができないでいる人、〝なあなあの人生〟を送っている人は、「理想を強くする力、理想化の能力が落ちていないかどうか」ということを考えてみる必要があります。

もし年若くして理想を抱《いだ》く能力がないとすれば、その人は「すでに年老いたり」と言ってもよいでしょう。しかし、四十、五十、あるいは六十、七十の齢《よわい》を重ねても、今なお、精神がはつらつとして、理想を失わない人であるならば、若さを、今、現に手中にしていると言ってもよいでしょう。

理想を描《えが》き、理想を追求する力、あらゆる物事を理想化していく能力は一種の才能です。この才能を大きく育てていくためには、そうした念《おも》いを絶えず抱き続けることが大事です。

若いころに抱いていた、誇大《こだい》とも思えるような理想が、世間の荒波《あらなみ》にもまれるうちに、次第《しだい》しだいに浜辺《はまべ》の小石のようになっていくのが現実です。そして、三十代、四十代、あるいは、それ以降の年代になると、理想が砕《くだ》け散り、小さな砂のようになっていくものです。

ここで、自らの過去を振《ふ》り返り、青年時代や少年時代の夢を思い出してみる必要があります。その時代に、あなたは何に憧《あこが》れましたか。どのようなことを理想だと思いましたか。そのなかに、実は、あなたが持っている才能が明らかに出ているのです。

どのようなものを理想としたか。その理想を何ゆえに失ったか。この理想に関する反省をしていただきたいのです。

「理想を失うに足る正当な根拠《こんきょ》、正当な理由が、本当にあったのかどうか。何がきっかけで、その理想を失うようになったのか。

また、常に変わってくる環境《かんきょう》において、次なる理想、新たなる理想をつくり出すことが、なぜ、できなかったのか。なぜ、つくり出そうとしないのか。それは一種の怠慢《たいまん》ではないのか。『努力、努力』と言うが、『汗水《あせみず》垂らして一日中働け』と言っているわけでは決してない。まず、その前提として、『理想を抱く』ということを、どう思っているのか」

それが問われているのです。

理想化する能力を使わないで、錆《さ》びついたままにしている人が数多いと思います。そうした人たちに、この能力を思い出し、取り出して、磨《みが》きをかけていただきたいのです。

5　聖なるものに殉《じゅん》ずる心

三番目に挙げておきたいのは、より高次なものに奉仕《ほうし》せんとする意識、すなわち、聖なるものに殉《じゅん》じようとする意志です。これは大事な考えだと思います。

人間が個人の枠《わく》にとどまって生活をしている範囲《はんい》では、巨大なエネルギーというものは湧《わ》いてきません。人間が自分自身の幸福の追求、探求をしている範囲では、本当に人々をうならせるような、巨大《きょだい》なエネルギーというものは、ほとばしってくるものではありません。世の中を変えていくエネルギーは、利己主義的な考え方のなかからは決して出てこないものなのです。

世の中を変えていく巨大なエネルギー――それは聖なるもののために殉じようとする心です。聖なるもののために一身を投げ出さんとする心です。聖なるもののために、自らの知恵《ちえ》と力、経験といった、あらゆるものを使っていこうとする心なのです。

断崖絶壁《だんがいぜっぺき》から身を投げねばならないような立場に置かれることが、人生には何度かあると思います。そのときには、やはり、勇気が試されるでしょう。

しかし、古人は言ったではありませんか。「朝《あした》に道を聞かば、夕べに死すとも可なり」と――。私は、まさに、そう思います。

「聖なるもののために殉ずる心さえあるならば、命はいつ果てても惜《お》しくない」という気持ちがあってよいし、すべての人の心の奥《おく》には、そうした純粋《じゅんすい》な光がた

郵便はがき

料金受取人払郵便

赤坂局
承認

6386

差出有効期間
2026年10月
31日まで
(切手不要)

1 0 7 - 8 7 9 0

112

東京都港区赤坂2丁目10—8
幸福の科学出版(株)
読者アンケート係 行

ご購読ありがとうございました。
お手数ですが、今回ご購読いただいた書籍名をご記入ください。

書籍名

フリガナ お名前	男・女	歳
ご住所 〒　　　都道府県		
お電話 (　　　)　　—		
e-mail アドレス		
新刊案内等をお送りしてもよろしいですか? [はい (DM・メール)・いいえ]		
ご職業 ①会社員 ②経営者・役員 ③自営業 ④公務員 ⑤教員・研究者 ⑥主婦 ⑦学生 ⑧パート・アルバイト ⑨定年退職 ⑩他 ( )		

プレゼント＆読者アンケート

皆様のご感想をお待ちしております。本ハガキ、もしくは、右記の二次元コードよりお答えいただいた方に、抽選で幸福の科学出版の書籍・雑誌をプレゼント致します。

（発表は発送をもってかえさせていただきます。）

1 本書をどのようにお知りになりましたか？

2 本書をお読みになったご感想を、ご自由にお書きください。

3 今後読みたいテーマなどがありましたら、お書きください。

ご感想を匿名にて広告等に掲載させていただくことがございます。

ご記入いただきました個人情報については、同意なく他の目的で使用することはございません。


ご協力ありがとうございました！

たえられています。この聖なる泉のエネルギーというものを、どうか発掘《はっくつ》していただきたいのです。

この聖なる泉のエネルギーを発掘するためには、きっかけがあります。そのきっかけは、およそ宗教的経験を持つ人ならば一度は体験したことがある「回心《かいしん》」というものです。

人は、生まれ、育ち、そして社会に出て、自分なりの価値観に振《ふ》り回されて生きていきますが、どこかで大きな壁《かべ》にぶつかり、にっちもさっちもいかない状況《じょうきょう》に置かれるようになります。本来の自己というものを忘れ、上辺《うわべ》だけのものの考え方や他人の意見に左右されて生きていた自分が、どこかで行き詰《づ》まり、自我の殻《から》が割れることがあります。

これを回心といいます。古くはパウロの回心が、有名ですが、さまざまな人が、さまざまなかたちで、回心というものを経験しています。

おそらく、みなさんの多くも、さまざまな縛《しば》りによって苦しんでいることでしょう。日常、さまざまな縛り、束縛《そくばく》が、みなさんの魂《たましい》を苦しめていることと思います。

しかし、考えてみてください。みなさんが現在生きているその空間は、ほんの小さな牢獄《ろうごく》にしかすぎません。ほんの小さな岩屋にしかすぎません。したがって、その世界がすべてだと思ってはいけません。

行き詰まり、「これ以上、もう、どうすることもできない」と思ったときに、岩は裂《さ》け、天上から一条の光が射してくることがあります。そうした瞬間《しゅんかん》を高級《こうきゅう》霊《れい》たちは待っています。みなさんが、この世的に行き詰まり、どうしようもなくなって、大いなるものに帰依《きえ》せざるをえなくなる瞬間を待っています。

そうしたときに、みなさんは、今まで見ていた世界とは違《ちが》った、大きな世界に誘《いざな》われることになるでしょう。その世界のなかで、今まで経験したことのないような、大きな自由を獲得《かくとく》することになると思います。

まず、「肉体の我《われ》」という自覚から、「霊的我」という自覚へ飛躍《ひやく》するだけで、大きな力となることは言うまでもありません。

6　この身このまま実相世界《じっそうせかい》に生きる

意志を強くすることに加えて、もう一つ必要なことは視点の転回です。視野の転回です。新たなものの見方です。

今まで、みなさんは、どうしても、「身長一メートル数十センチ、体重数十キロ」という自分しか見えなかったでしょうが、霊的《れいてき》な覚醒《かくせい》を経て初めて、自分を外から見る経験ができるようになります。「大いなる霊的世界から自分を見る。天上界《てんじょうかい》から自分を見る。高級霊《こうきゅうれい》の目で自分を見る。仏の目で自分を見る。そうした世界のなかを生きている自分を知る」という経験をするようになっていきます。「人間の可能性とは、結局、三次元世界のなかに生きていながら、三次元世界を超《こ》え、実相世界《じっそうせかい》に生きているのと同じような自己実現をしていくことだ」と私は思います。

この身このまま実相世界に生きているような生き方ができることは、本当に素《す》晴《ば》らしいことなのです。今、ここが三次元の世界ではなくて、天国であったとしても、決して悪びれることなく、恥《は》じることのない生活であることが大事なのです。

そして、この三次元、この現象界を、実在世界から切り離《はな》された世界としてではなく、実在世界の延長として考えられるようになることが、重要なポイントだと思います。すべての悪を修行《しゅぎょう》の糧《かて》として捉《とら》え、すべてを善に変えていこうと努力していくところに、素晴らしい理想郷が開《ひら》けてくるのです。

みなさんは、日々、「天国に住むことが許される住人であるかどうか」ということを試《ため》されているのだと思います。たとえ、どのような厳しい環境《かんきょう》にあろうとも、不平不満や愚痴《ぐち》の出るような環境にあろうとも、陽気で明るく快活に、可能性いっぱいに生きていくことはできるはずです。そうした人生こそが望まれているのです。

今ある境涯《きょうがい》のなかで、無限の可能性を見いだしてください。無限の天地を見いだしてください。無限の明るさを見いだしてください。そのときに、すべてが解決され、すべてが幸福への誘《いざな》いとなっていくでしょう。

幸福は、あるいは理想郷、ユートピアは、自分の現在の立場から、はるかに離れたところにあるのではありません。現在ただいまのなかにあります。現在そのままのなかにあります。「現在の自分の目の前にユートピアは開けるものだ」ということを、繰《く》り返し繰り返し、みなさんに述べておきたいと思います。

第9章

人生と余裕《よゆう》

1　心の余裕《よゆう》がマイナス思考を予防する

みなさんは、仏法真理《ぶっぽうしんり》のなかで、愚痴《ぐち》や不平不満、足ることを知らぬ欲望、嫉《しっ》妬《と》、怒《いか》りなどがよくないものであることを教えられています。

しかし、例えば、愚痴一つを取ってみても、言いたくて愚痴を言う人は数少ないのではないかと思われるのです。言いたくはないが、どうしても出てくるのが愚痴です。そして、他人に対して思わず愚痴を言ってしまう自分に、つくづく愛《あい》想《そ》が尽《つ》き果てている人も数多いだろうと考えられるのです。

そこで、本章では、主として、そのような心の病、マイナスの思考について、それを予防する立場から考えてみましょう。

例えば、愚痴については、愚痴が出ないような状況《じょうきょう》を、あらかじめつくっておくことによって、そうした不快感を生じさせずに、人生の不協和音を奏《かな》でることなく進んでいくことも可能なはずなのです。

では、マイナスの思考を出さないための方法は、どこにあるのでしょうか。それを大きくひとまとめで言うならば、「余裕《よゆう》」ということだと思います。

余裕のある人からは、まず愚痴が出ません。また、心に余裕のある人からは、そう簡単には怒りが出ません。すぐ怒りが出る人は、心に余裕がなく、考え方が狭《せま》く、短気です。

また、他人に対する嫉妬心でも同じことが言えましょう。自分自身に対して十分に自信があり、他の人に対して寛容《かんよう》な心があれば、ひがみというものは、そう簡単に出てくるものではないのです。あるいは、妬《ねた》み、嫉妬も、自分に自信と余裕があれば、そう簡単には出てこないものです。

不平不満についても考えてみましょう。なぜ不平不満が出るのでしょうか。それは、「本来、こうあってほしい」という自分の姿と現実との間に、乖離《かいり》、隔《へだ》たりがあるからではないでしょうか。

むしろ現実が理想を追い越《こ》しているような状態ならば、不平不満は出るはずがありません。現実と理想が一致《いっち》していても、もちろん出ません。できれば理想以上に素晴《すば》らしい現実が展開していると、申し分ないと言えましょう。

このように考えてくると、どうやら、すべてについて言えることは、「ゆとり、余裕というものがあれば、マイナスの思考が出てきにくいものだ」ということでしょう。

2 子供のころの教訓は人生の原型

みなさんには、自分が子供だったころを思い出すことがあるでしょう。例えば、子供のころの夏休みのことを思い返してみてください。

四十日間の夏休みが始まるときには、どうだったでしょうか。「これで、しばらくは学校に行かなくてもよい」と思うと、喜びに溢《あふ》れ、顔は笑《え》みに溢れ、一日散に走って家に帰ると、カバンをどこかに放り投げたりして、解放感に駆《か》られていたのではないでしょうか。

しかし、やがて、七月が終わって八月に入り、お盆《ぼん》が過ぎ、八月の二十日が過ぎます。夜が涼《すず》しくなり、虫の音《ね》が聞こえ始め、初秋の気配が漂《ただよ》い始める八月の下旬《げじゅん》になると、子供たちは、とても憂鬱《ゆううつ》になってきます。そして、「そろそろ、お母さんかお父さんから注意を受けるかなあ」と思っていると、案の定、その日に、「あなた、宿題は終わったの」と言われたりします。

「宿題は終わっていない。夏休みの工作もできていない。困った、困った。工作を先にするべきか、宿題を先に済ませるべきか」――このように、幼い心のなかで二律背反《にりつはいはん》が起き、「どちらもできない」ということで、悲鳴に近い声が上がってきます。

そこで子供心に考えます。「工作のほうは、何とか、お父さんに手伝ってもらえないだろうか。そして、宿題のほうは、お母さんに見てもらえないだろうか」と、そのような人頼《だの》みを始めます。

父親が気のいい人であれば、「分かった。もうあと五日しかないから、俺《おれ》が手伝ってやる」ということもあるでしょうが、あまりマメではない父親であれば、「俺は忙《いそが》しい」ということで一蹴《いっしゅう》されるでしょう。こうした他力の力というものを、幼心《おさなごころ》で十二分に感じたこともあったと思います。

そして、夏休みの終わりが一日一日と迫《せま》ってくると、次には友達に電話をかけ始めます。「宿題の答えを写させてもらえないだろうか」「お互《たが》いに分担して宿題をやらないか」ということを仲間同士で話し始めます。しかし、なかなか、うまくいかなくて、最後の三日間、地獄《じごく》の苦しみを味わったことも多いのではないでしょうか。あるいは、九月の一日になって学校に出てから、友達の答えをその場で写させてもらうことを考える、悠々《ゆうゆう》とした子もいます。

このように、幼いころであっても、さまざまな人生の縮図らしきものが見えるのです。

百人の人が自分の過去を思い出してみたとして、「夏休みの宿題を七月中に終えてしまった」という人が、いったい何人いるでしょうか。百人のうち三人もいれば、よいほうではないかと思います。そうしたものであって、夏休みの宿題には、なかなか手がつきません。そう簡単には手がつかないものなのです。

目の前の解放感にとらわれて、どうしても易《やす》きについていく――それが人間の定《さだ》めと言えるものかもしれません。何十日かのちに苦しみが迫っているにもかかわらず、目の前にぶら下げられた、解放感という名のエサに、どうしても飛びついてしまうのです。

しかし、子供のころの教訓は、実は、人生の原型そのものであり、大人になってからも生きてくるものなのです。

また、受験勉強時代を振《ふ》り返っても、似たような経験をした人は多いでしょう。勉強のよくできる人は、たいてい、一学期のうちに、すでに二学期や三学期の内容まで予習し、場合によっては、上の学年の内容まで予習しているでしょう。そうした人であれば、「勉強がよくできる」ということが多いでしょう。

これに反して、後手《ごて》に回るタイプの人、例えば、試験の前になると一夜漬《づ》けで勉強する人、あるいは、試験が終わってから、おもむろに勉強を始めるような人の場合には、知識の吸収がどうしても遅《おそ》くなり、次第《しだい》しだいに後回しになってくるだろうと思います。

これは人間としての一つのパターンです。「どのような人生観を持つか」によって、ある程度、その人の将来が見えてくるのです。

もちろん、ウサギ型の人生だけが勧《すす》められるわけではなく、カメのごとく、のんびりとやっていく人生も、味のある人生ではあります。

ただ、昔話にある、ウサギとカメの競走では、ウサギはピョンピョンと速く跳《と》んでいき、途中《とちゅう》で昼寝《ね》をしてカメに負けたことになっていますが、「比較《ひかく》的短い周期で人生を見る場合には、ウサギ型の人生も悪くはない」という考え方もあります。「少なくとも、昼寝をするだけの余裕《よゆう》があった」ということは大きな発見でしょう。

悩《なや》むといっても、実は、何十年も先のことまで取り越《こ》し苦労をすることは難しいのです。みなさんが精神的にまいってしまったりするのは、たいてい、現在ただいまのことや目先のことである場合が多いわけです。

何十年も先のことまで憂《うれ》えている人は、よほどの大人物か、その逆です。人は、通常の場合、現在ただいま、あるいは、向こう数カ月か一年ぐらいのことを悩むようになっているのです。

したがって、この際、逆転の発想で、ウサギ型の人生を生きてみることも大事です。「先へ先へと進んで昼寝をしているウサギには、少なくとも悩みがない」と思われるからです。

そこで、どうしてもマイナスの思考に傾《かたむ》きがちな人には、「物事を後手後手に処理しようとしていないか」「夏休みの終わりになってから、あわてて宿題をどうにかしようとあがく子供たちのようになってはいないか」「一年後《おく》れで勉強についていくような受験生になってはいないか」ということを考えていただきたいのです。そこに新たな発見があるのではないかと考えます。

3　予習型人生を送る

みなさんには、私の言わんとすることが、どうやら見えてきたのではないでしょうか。

向こう一カ月か三カ月、あるいは半年の悩《なや》みを解消してしまうためには、自分の人生の速度を少し速めてみる必要があります。つまり、「予習型人生を送る」ということが大事になってくるのです。

「先取りしていく」という考え方をしていくと、自然《しぜん》と余裕《よゆう》が生まれてきます。例えば、「締《し》め切りぎりぎりになって苦しむのではなく、必要なことは早め早めに片づけていく」という考え方があります。

一つの例を示しましょう。みなさんは、「三度の食事の支度《したく》は、通常、その食事の一時間ほど前から始めるものだ」と考えているかもしれません。しかし、翌日の昼食の準備まで、なんと前日の夕食のときに始める人もいるのです。すなわち、翌日の準備のうち、前日の夕食の準備と同時にできるものは先に済ませておくわけです。

確かに、すぐに傷《いた》まないものについては、前日の夜から準備しておくことができます。野菜を刻んだりすることは夕食の準備として必要でしょうが、翌日の昼食まで考えていれば、その分も一緒《いっしょ》に準備してしまうこともできるはずです。また、考えてみると、一週間分の献立《こんだて》がきっちりとできていれば、いろいろな材料の仕入れと調理が無駄《むだ》なくできるものなのです。

世の主婦のみなさんは、いかがでしょうか。「昼の十二時が近づくと、あわてて昼食の準備をし、夕方の五時が来ると、あわてて夕食の準備をする」という、パニック状態になってはいませんでしょうか。

そうした人は、少なくとも、「翌日の予定を立てる」ということが、できていないのではないでしょうか。あるいは、「一週間の献立を考える」というところまで、とても知恵《ちえ》が回っていないのではないでしょうか。

少なくとも一週間分の予定を立てることによって、明日《あした》の、あるいは今日の行動は変化を帯びてきます。明日一日の予定を立てているだけでも、今日の行動のなかから合理的な動きが出てきます。「世の主婦の多くは、こうした予習型の人生ができていないのではないか」と思えることが多いのです。

昼食の一時間前から準備をしようと思っていたところ、突然《とつぜん》、子供が何か問題を持ってきたり、お客さんが来たりすると、それで予定が狂《くる》ってしまい、パニックになることが、よくあるのではないでしょうか。

また、買い物についても計画性がなく、思いつくと買い物かごを提《さ》げて買いに行く。そして、帰ってきては、「あれを買うのを忘れていた」と、また買いに戻《もど》る。このようなことを繰《く》り返してはいませんでしょうか。

あるいは、ご主人について、「いつも、だらしがない」と不平不満を言っている主婦も多いと思います。

「主人は、家に帰ってくると、服を脱《ぬ》ぎ散らかす。触《さわ》ったものは、すべて荒《あ》れ放題。あっちも、こっちも、次から次へと荒れていく。まるで子供がもう一人増えたような状態であり、あとから追いかけていっては片づけをしなければならない。その姿を見ただけで、もう頭が痛くなる。暑い夏だと、ますます暑くなり、寒い冬だと、ますます寒くなる」

そのように愚痴《ぐち》をこぼしている主婦のみなさんも多いのではないでしょうか。

そうしたときにも予習型人生は可能なはずです。そのためには、ご主人の行動パターン、習性を十分に分析《ぶんせき》していくことです。

鯉《こい》という魚は、同じような方向に群れをなして泳いでいきます。そのため、

「何分後には、どの辺を泳いでいるか」ということが見事に分かるのです。

同じように、ご主人にも行動のパターンがあるはずです。帰ってきたあとに、どうするか、だいたい行動が読めるはずです。そうすると、「その前に機先《きせん》を制して準備をしておく」という方法もあります。

ご主人が帰ってくると、「あなた、こちらで着替《が》えをしてください。脱いだものは、ここに置いてください。背広は、ここ、ネクタイは、ここ」というように、かたちを決め、習性をつけてしまいます。知らず知らずのうちに癖《くせ》がつくように誘導《ゆうどう》していくのです。

例えば、「着替えをするときには、洗濯場《せんたくば》の近くできちんと脱ぐようにさせる」ということもありえます。居間や他の部屋で脱ぎ散らかすので困っている人には、きちんと洗濯機の近くで服を脱がせる訓練をするなど、しつけの方法はいくらでもあるのです。それをしないで後手後手《ごてごて》になり、いろいろな悩み事を持っているようでは駄目です。

このように、予習型人生は、いろいろなところで効《き》いてきます。

子供の夏休みの宿題にしてもそうです。八月末になると子供が苦しみ始めることは、よく分かっているはずです。というのも、ほかならぬ自分自身が子供時代にそうだったのではないでしょうか。八月の末になってから、子供が「宿題ができない」と言って大騒《おおさわ》ぎをするのは、よくあることなのです。

したがって、早め早めに手を打っておくことです。「七月中に宿題をしておけば、八月には旅行に連れていってあげる」「遊園地に連れていってあげる」「海に連れていってあげる」などといったご褒美《ほうび》を、あらかじめ用意しておいて、その前に一通り終えさせるのです。

こうしたことを習慣づけておく必要があります。そうすると、あとでうるさく言われることもありませんし、余裕のある生き方ができるのです。

4　経済的安定の大切さ

これ以外にも、まだまだ、いろいろと研究の余地はあるだろうと思います。家計のやりくりについても、似たようなところがあるのではないでしょうか。大部分の主婦は給料日の前になるとソワソワし始めます。お金がなくなってくるからです。「早く給料日が来ないか」と思ってソワソワし始め、「最後になると、ゴマ塩だけのおかずになる」と言えば極端《きょくたん》でしょうが、そうしたことも、なきにしもあらずです。

そして、お金が入ってくると、安心して、すぐ使ってしまい、月末になると、また苦しくなってきます。このようなことを繰《く》り返しているのではないでしょうか。そうしたときには、やはり、お金の使い方やため方に、もっともっと計画性を持ち、先見性がなければならないと思います。

私が、以前よく学んだ本に、戦前および戦後に活躍《かつやく》された本多静六《ほんだせいろく》博士（一八六六～一九五二）のものがあります（実業之《の》日本社『わが処世の秘訣《ひけつ》』など）。

博士は戦前から、「四分の一天引き法」というものを実践《じっせん》していて、東大の教授でありながら、税務署から所得ナンバーワンで表彰《ひょうしょう》されるほどの高額所得者になりました。また、戦前でありながら海外に十九回も旅行をし、三百数十冊の書物を著《あらわ》しました。このように、金銭的にも、この世的にも、いろいろと認められ、非常に大活躍をした人です。

彼は若いころドイツに留学したのですが、そのときに、ドイツの教授から、「腰《こし》を据《す》えて真剣《しんけん》に学問をするためには、経済的安定がぜひとも必要である」ということを、懇々《こんこん》と諭《さと》されたそうです。

「学者が十分に活動できない理由は、たいてい経済的貧困にある。お金が苦しくて十分な活動ができない。本が買えない。また、本を置くための場所が得られない。そうした空間、部屋を手に入れることができない。そして、だんだん、慎《つつ》ましやかな生活となり、活動の機会を失う。

君は、日本に帰ったら、まず経済生活を改善せよ。計画的に人生の設計をして、蓄財《ちくざい》に励《はげ》め。その蓄財が、やがて、君の学問生活を発展させるための鍵《かぎ》になるであろう」

このようなことをアドバイスされ、彼は日本に帰ってから、それを実践しました。

その基本思想は、「収入の四分の一をすべて貯金していく」という考え方でした。

収入の四分の一を貯金し、月末になって、お金が少なくなり、ゴマ塩だけで食事をしなければならなくなっても、家族全員の了解《りょうかい》を得て、それを実践する。ボーナスその他、不意に入ってくる収入は、すべて貯金に回す。そして、貯金が一定額になると運用に回し、さらに利殖《りしょく》に励むことにし、次第《しだい》しだいに不労所得のほうが通常の収入よりも多いかたちにしていく。このようにして、彼は非常に大きな経済的基礎《きそ》を築いたのです。

本多静六博士以外には、東大の教授で高額所得者になった人の名を、私は、いまだかつて聞いたことがありません。おそらくは、経済基盤《きばん》をつくろうとして、そうとう計画的に努力したことが効《き》いたのだろうと思います。

およそ物事はそのようなものであり、経済的に富もうとするならば、まず貯蓄に励まなければなりません。

ところが、現代の生活を見てみると、現代人たちには消費のほうを先行する傾《けい》向《こう》があります。将来に入ってくるお金を目当てにして、先に物を買ってしまいます。これは、おそらく欲望のほうが理性に勝《まさ》っている状況《じょうきょう》だと思います。ボーナスを見込《こ》んで先に物を手に入れようとするのは地獄《じごく》型経済と言ってもよいでしょう。

また、世のセールスマンや商売人たちは、その地獄型経済をよしとして、「ボーナス払《ばら》いでいいですから、お買いになりませんか」「分割《ぶんかつ》払いでいいですから、お買いになりませんか」と言って勧《すす》めてきます。そして、借金先行型の経済が進んでいきます。

しかし、経済においては、やはり収入の範囲《はんい》内で生活するのが原則なのです。いや、収入の範囲から、一定部分を、貯蓄、蓄財に回すのが天国的生活なのです。

時代が変わっても、この原則は変わりません。現在どのような経済機構が進んでいても、やはり変わらないのです。それは、「貯蓄をしていく」「将来のために、あらかじめ資金を残していく」という活動自体が、実は精神的な余裕《よゆう》を生み出すからなのです。

借金が先行していくと、「それが、経済的には、いかに便利であるか」を他の人から説明されたとしても、あるいは、「節税に効果がある」というような話を聞いたとしても、現実にはマイナスのお金がそこにあるのであり、自分は将来の労働を担保《たんぽ》に取られていることになるわけです。将来働くことを担保にして、お金を借りているかたちになります。

そうすると、将来に対する不安が募《つの》ってきます。将来の自分の健康や仕事能力への不安が募ってきます。その結果、常に追い立てられるように働くことになります。世の中には、「借金をテコにしないと働けない」という人も、いることはいますが、そうした考え方では決して大成はできません。

したがって、主婦だけではなく、ご主人にも言っておきたいのです。収入の範囲内で生活をし、また、収入のなかの一部を貯蓄に回すことです。「将来のために先取りをして、現在を慎み、節約していく」という考えのなかに、実は、大きな発展があるのです。

蓄財をしないで大金持ちになった人はいません。蓄財という考えのない人は、いくら収入があっても、それをすべて使ってしまいます。そのため、結局、手元にお金が残ることはないのです。

5　まず心構えを持つ

将来に向けて余裕《よゆう》をつくっていくことは、こうした貯蓄《ちょちく》の考え方とまったく同じです。貯蓄の上手な人は、他の仕事の面においても、貯蓄に当たる部分をつくっていくことができます。「将来、必ず必要なもの」を、早め早めに用意しておくことは大事なのです。

子供を育てる際にも、半年後、一年後のことを十分に考えておく。さらには、その先のことも考えておく。そして、家庭の経済生活と子供の養育との関係をよくよく考えておく。そのようなことが大事だと思います。

こうした余裕を生み出すためには、どうしたらよいでしょうか。それは、現在空《あ》いている時間、現在余っているお金、現在余っている知恵《ちえ》を使って、将来必ず実りを生むものに転用していくことです。「将来、必ずリターンのあるものに投資をしていく」という考え方が大事なのです。

仏法真理《ぶっぽうしんり》の勉強でもそうです。追いかけられるような勉強をしていても、悟《さと》りを開くことはありません。悟りを開くためには、常に先へ先へと進んでいくことが大事だと思います。

また、肉体の健康にしても、倒《たお》れてから医者に通うようでは駄目《だめ》です。倒れる前に予防をしていかねばなりません。倒れる前の予防とは何でしょうか。それは二つしかありません。一つは、「体をあらかじめ鍛《きた》えておく」ということです。

もう一つは、「疲労《ひろう》する前に休む」ということです。この二つしかないのです。ところが、この二つを現代人は往々にして守れません。「倒れるまで、働くことをやめない。あるいは、遊ぶことをやめない」という傾向《けいこう》になったり、倒れてから初めて休息を開始したりするようになります。

現代人の悩《なや》みの多くは、実は、肉体的な疲労や精神的な疲労からも来ているのです。もし疲労がなかったならば、悩みの八十パーセントは消えてしまうでしょう。悩みの大半は疲労から成り立っていると思います。そうであれば、疲労の予防は悩みの予防に非常に大きな力を持つのです。

疲労を予防するためには、疲労しないように工夫《くふう》することです。そのためには、大きな難問題を一度に解こうとせずに、小さく分割《ぶんかつ》して片づけていくことです。それから、疲《つか》れ切る前に十分に休むことも大事です。「よく休む」ということは大事なことなのです。

「精神的に貧乏性《びんぼうしょう》になってしまい、自分自身をいたわることができずに休めない」という人は数多くいます。そうした人は、ぎりぎりまで無理をするのです。

しかし、「ある程度のところまで来たならば、早め早めに体を休めておく」という工夫をしていくことが長生きの秘訣《ひけつ》であり、長く働き続けるための秘訣でもあります。

また、どうしてもやらなければならない仕事がある多忙《たぼう》な人の場合には、仕事にめりはりをつける工夫をする必要があります。すべての仕事に全力投球をすることも大事ですが、それは長く続く方法ではありません。「いちばん大事なものに力を注ぎ、それほどでもないものについては軽く流していく」という工夫も大事だろうと思います。

要するに、「いかにして余裕を生み出すか」ということです。余裕を生み出す方法は、考えれば、いくらでも出てきます。その基礎《きそ》にあるものは何かというと、事前に用意をしようとすることです。「予習型人生を生きる」ということに尽《つ》きるのです。

そのためには、どうすればよいかというと、まず心構えを持つことが出発点です。「予習型人生を生きよう」という心構えを持つことによって、方法は次から次へと生まれてくるのです。

そして余裕が生まれます。そこに愚痴《ぐち》のない生活が展開します。そこに不平不満のない人生が展開します。そこに怒《いか》りや嫉妬《しっと》のない世界が展開します。こうした天国的な生き方をしていただきたいものだと思います。

第10章

健康生活の秘訣《ひけつ》

1　健康を保つことは各自の責任

健康生活というものは、人間の一生において、非常に大切な部分を占《し》めています。さまざまな悪想念《あくそうねん》や悩《なや》み、苦しみなど、人生には、いろいろな問題がありますが、それらを解決していくための基礎《きそ》となるのが健康生活であり、問題を解決するのみならず、その予防となるのも健康生活だと思います。

例えば、体が非常に健康でエネルギッシュな人は、体が常に弱い人に比べて、悩みが格段に少ないものであることは、みなさんも経験則からいって当然のことだと思われるでしょう。

悩みがちな人は、いつも、胃弱で、神経質で、眉間《みけん》にしわが寄っている。そのような姿が目に浮《う》かぶのではないでしょうか。まさしく判を押《お》したように、そのようなタイプの人が悩みを次々と生産していることは事実です。できるならば、大らかな気持ちを持って、英気の養われた積極的な考え方や、肉体の力を基礎とした生活を送っていきたいものです。

そこで、本章では、特に、健康生活の秘訣《ひけつ》、言葉を換《か》えるならば、英気の養い方をテーマにして考えてみましょう。

健康生活を送るための秘訣として、最初に言っておかなければならないのは、「健康を保つことが、どれほど値打ちのあることか」ということです。

列車に乗って旅行をする場合、改札口を通るときには、必ず乗車券を見せなければなりません。先に代金を支払《しはら》っておかなければ、列車に乗ることができないのです。

同じように、「肉体に宿って人生を送る」ということは、魂《たましい》にとってみれば、肉体は乗り舟《ぶね》、あるいは列車ですから、舟賃《ふなちん》や列車代が要《い》ります。すなわち、肉体舟を使って、あるいは、肉体という名の列車を使って旅行をしていくためには、旅行代金をあらかじめ前払いしておかなければなりません。後払いは非常に高くつくのです。

例えば、無券で列車に乗って降りたときには、「私は途中《とちゅう》の駅から乗った」と言っても、始発駅からの料金を払わされることが多いでしょう。同じように、「あとから払おう」と思っても予想以上に高くつくのが健康の代価なのです。すなわち、これは、「乗車券を買う」という行為《こうい》に相当すると考えていただきたいのです。

その列車代に当たるものは何でしょうか。もちろん、生まれついたときの五体の健康さもあるでしょうが、やがて、長ずるに従い、親元から離《はな》れると、健康を保つことは自分自身の責任となってきます。未成年のうちは両親によって養われているわけですが、成人してからあとは各人の責任です。

そこで、「自分は、どれだけの距離《きょり》を旅行しようとしているのか」ということを、まず念頭に置いていただきたいと思います。

七十歳《さい》まで生きるのは七十キロの旅行に相当するかもしれません。百歳までというのは百キロかもしれません。いや、それ以上に、七十歳というのは七百キロ、あるいは七万キロかもしれませんし、百歳というのは、もっと長い距離かもしれません。

それだけの旅行をするためには数多くの準備が必要です。健康生活を送るときにも、まったく同様であって、長旅をするときの準備と同じことが必要となってくるのです。

2 収入の一定額を健康のために使う

まず必要なことは何かというと、宗教的な人にとっては意外に思えるかもしれませんが、金銭的な用意です。これは大事です。「健康のための経済的出費を惜《お》しまない」という覚悟《かくご》が大事です。それを惜しんだ場合には、必ず、あとから高くつくようになります。

「健康に対する投資は必要経費であり、自分という機関車を走らせていくために、どうしても必要な石炭の部分だ」と思わなければならないのです。すなわち、考え方の根本として、「健康のために費《つい》やす富、金銭は善である」という発想を持たなければ駄目《だめ》なのです。

みなさんは、一カ月の収入のうち、いったい、どれだけのお金を、健康のために費やしているでしょうか。それを問いたいのです。

健康生活において特に害があるのは都会の生活です。朝早く起き、夜遅《おそ》く酒を飲んで帰宅するような都会のサラリーマンは、運動不足であることを自分でも十二分に知っているでしょう。やれ、「宴会《えんかい》だ」「何だ」ということで、ブロイラーのように体が太ってきていることが多いのではないでしょうか。

こうした人は、マージャンや酒などの交際に使うお金については惜しまないはずです。しかし、運動のためには、どれだけのお金を使っているでしょうか。それを自問自答していただきたいのです。

これは、意外に気がつきにくい観点です。「どれだけの運動をしたか」ということは考えつくことがありますが、「健康のために、どれだけのお金を使ったか」という観点では、あまり考えたことがないはずです。したがって、そうした考え方によって健康を管理することも可能です。

例えば、「一カ月の収入が三十万円ならば、そのうちの一割ぐらいまでは健康生活を守るために費やす」ということを考えてもよいでしょう。そうすると、月収三十万円の人は、健康のために費やしてよい費用が月に三万円になります。「この三万円を何のために使うか」を、予算として具体的に考えてみるのです。

一カ月に三万円を使ってできることは幾《いく》つかあります。例えば、トレーニングセンターに通うこともできれば、体操や水泳もできます。サラリーマンの大好きなものとしてはゴルフもあるかもしれません。もっと安いものになると、散歩やジョギング、マラソンなどのように、お金がかからないものだってあります。

ただ、お金のかからないものの場合、健康にとっては、いちばんよいものが多いのですが、往々にして楽しみを伴《ともな》わないことが多く、長く続きません。散歩にしてもジョギングにしてもマラソンにしても、「そう長続きしない」ということが難点としてあります。縄跳《なわと》びにしてもそうです。

したがって、金銭的に余裕《よゆう》のある人は、まず、「一カ月の収入のうちの一定限度を健康のために支出する」という態度を確立することです。

もちろん、肉体労働を中心とした仕事をしていて、毎日が健康な人ならば、別なかたちでお金を使ってもよいかもしれません。体を動かす代わりに、体を休めることにお金を使うことも可能でしょう。あるいは、その三万円を使って、日ごろは食べないような、おいしいものを食べてもよいかもしれません。

とりあえず、収入のうち一定の割合を、健康生活のために使おうとする覚悟をしてください。これが一番目の考え方です。

3　一定時間を運動に費《つい》やす

もちろん、そうしたお金を使えない立場の人もいるでしょう。そこで、二番目の考え方としては、「お金が使えない場合には時間を使う」ということが原則です。

例えば、「スポーツに通うだけのお金がない」「それだけの経済的余裕《よゆう》がない」という人であれば、やはり時間を使う以外に手がありません。「人より早く起きて、朝、三十分の運動をする」ということもあれば、「土曜日や日曜日の時間の一部を使う」という考え方もあるでしょう。

お金が要《い》らない運動は、いくらでもあります。もちろん、原則は、歩くことから始まります。それ以外には、道具を使った運動があります。縄跳《なわと》び、竹刀《しない》やバットの素振《すぶ》り、ゴルフのスイングなど、いろいろな方法があります。

こうした、お金のかからない運動を続けていく場合には、できれば仲間を増やしておくことが大事です。自分一人だけだと、どうしても三日坊主《ぼうず》になってしまいやすいので、一緒《いっしょ》に運動をする仲間をつくっておくのです。例えば、夫婦で約束し合って、共に運動することです。あるいは、子供も含《ふく》め家族ぐるみで運動をすることも大事でしょう。

一カ月のうちに一定の額をスポーツその他に費《つい》やすことができない場合には、一日のうちの一定時間を運動に費やすよう、家族や友人、知人と約束しておくことです。そして、必ず、お互《たが》いに点検し合い、協力してやっていこうとする態度が大事です。

以上が、健康生活のための基本的な考え方の一番目と二番目です。

4　体力への積極的投資を

しかし、もっともっと考えてほしいことがあります。体がなまってきたあとで、スポーツ・トレーニングを開始したり、「健康のために体を維持《いじ》しなければならない」と考えたりすることは、どちらかといえば、後手《ごて》に回る考えであることが多いのは事実です。実際、健康にだいぶ不安が出て初めて、そのような局面に追い込《こ》まれることが多いのです。

そこで、「健康も一つの貯金だ」と考えていくやり方があると思います。「現在の仕事をこなすには、この程度の健康があればよいが、将来、もっともっと仕事をしていくためには、かなり強い体力を要する」というようなことは十分にあります。そうすると、「現在は十分だけれども、将来、もっともっと仕事を発展させていくため、貯蓄《ちょちく》代わりに体力を養う」ということがありうるのです。

みなさんは不思議に思うかもしれませんが、実は、自分の職業とはまったく正反対の生活をすることが、心と肉体の健康には非常に役立つことが多いわけです。

例えば、作家や講演家など、知的生活でもって生業《なりわい》を立てている人ほど、実は、肉体生活が重要になってきます。脳の働きは、文字を読むことによって活発になるだけではありません。実は、肉体の力が強くなればなるほど、脳の働きも活発になってくるのです。

みなさんのなかには、「なかなか本が読めない」と嘆《なげ》いている人も数多いと思います。そうした人たちは、単に、「目が悪い」「頭の機能が十分でない」ということだけではなく、体そのものが疲《つか》れてはいませんでしょうか。体そのものが弱っていて、〝借金体質〟の肉体になってはいないでしょうか。

電車のなかで、他人がちょっと咳《せき》をしているのを見ただけで、自分も風邪《かぜ》をひいて寝《ね》込むのではないかと思うほど、危ない体質になってはいませんでしょうか。周りを見渡《みわた》してみて、誰《だれ》も彼もがゴホゴホと咳をしているのを見て、「自分も必ず風邪をひくに違《ちが》いない」と思うような、それほど頼《たよ》りない健康生活ではないでしょうか。

周りの人が咳《せ》き込んでいるときに、一人だけテカテカと顔が光っている――そのような生活を送ってみたいとは思いませんか。それこそが理想的で積極的な健康生活だと思います。

私自身の経験からいっても、筋肉に力があることは、頭脳労働をいっそう推《お》し進めるために、非常に大きな役割を果たしていると私は感じています。腕《うで》や脚《あし》の力が強くなると、意外にも、それにつれて頭脳まで強くなってくるのです。おそらくは疲労《ひろう》する度合いが違ってくるのだと思います。

しかし、不思議なことに、「頭脳を使う人は体が弱く、体を使う人は頭脳が弱い」という関係があります。どちらかに偏《かたよ》ってしまうのです。そして、両方を同時に使おうとすると、平凡《へいぼん》な人間になってしまうこともあって、ままならないものなのです。

したがって、頭脳中心の生活を送っている人にとっては、その合間を縫《ぬ》って行う筋肉運動そのものを、非常に効率のよいものにしていく必要があると思います。

一日中、肉体労働をしている人の健康さには、比ぶべくもないかもしれませんが、少なくとも、一定の時間、一定の回数で、健康のための時間を取ることは非常に大事なのです。

最低限ほしいのは週に一回です。これが、病気をしないで生きていくために最低限必要な回数だと思います。「週に一回、何かの運動をする」ということが、病気をしないための最低限の秘訣《ひけつ》でしょう。

週二回の運動を繰《く》り返すことができるならば、かなり平均以上の体力を維持することが可能になってくると思います。週に三回、あるいは、それ以上、何らかの運動ができるならば、おそらくは積極的な思考の持ち主になっていくことができるでしょう。

「ここ一番」という大きな事業や仕事をしようとするとき、肝心《かんじん》なのは体力です。体力がなければ、物事の見方がどうしても悲観的になり、逃《に》げに回るようになります。

「こうしても失敗するし、ああしても失敗する」というように、次々と失敗を予想するようになり、その失敗の幻影《げんえい》から、どうしても逃《のが》れることができず、大きなチャンスが目の前にあるにもかかわらず、みすみす、それを回避《かいひ》してしまうことがあるのです。そうしたときに、日ごろの馬力《ばりき》があれば、どれほど強い味方となることでしょうか。

したがって、「未来を開くための体力への積極的投資は善だ」と考える必要があります。

私は、サラリーマン生活時代には、収入の一割を書籍《しょせき》代に充《あ》てることを習慣にし、頭脳ばかりを鍛《きた》えていましたが、「体は脆弱《ぜいじゃく》で、非常に疲れやすい」というのが事実でした。そうした私が、数多くの講演をするようになって、「疲れやすい肉体では、人類幸福化のために奉仕《ほうし》することは、とうていできない」と深く悟《さと》るようになったのです。

したがって、私は、忙《いそが》しくなればなるほど、体を鍛える機会を数多く持つように努力しています。

みなさんは驚《おどろ》かれるかもしれませんが、一週間おきの講演会や、間隔《かんかく》が二、三日しかない行事の間にこそ、私はハードな肉体トレーニングをしていることが多いのです。みなさんから見れば、「そうしたことをすれば、逆に疲れてしまうだろう」と思うような時期にこそ、私は体を鍛えています。

そして、その結果は、マイナスになるのではなく、常にプラスの収穫《しゅうかく》を生み続けているのが現実なのです。

前述したように、人間には二極化する傾向《けいこう》があります。「体に投資する人は頭に投資せず、頭に投資する人は体に投資しない」という傾向があるので、「どちらかで自己確立をした人が、もう一つのことを目指す」というのが、発展のためには大事なことなのかもしれません。

肉体生活と頭脳生活については、「一方の極において、ある程度の自己確立ができたならば、他方を取り入れて、さらに前進させていく」というのが素晴《すば》らしい生き方なのかもしれないと思うのです。

5 疲労《ひろう》の予防法

さて、健康生活の秘訣《ひけつ》として、特別に言っておきたいことがあります。それは疲労《ひろう》の予防法です。

前章でも少し触《ふ》れましたが、疲労が人間の悩《なや》みの大部分を占《し》めていることがよくあります。もし、「朝の目覚めがスッキリし、朝食もおいしい」という健康体であれば、何かの問題にぶつかったときでも、それを解決するのに、さほどの時間がかからないことが多いのです。

ところが、「朝は、なかなか起きられず、朝食は、おいしくなくて、人と会うと不機嫌《ふきげん》になる」というような体質の人が問題にぶつかると、それが巨大《きょだい》な難問に見えて、どうしようもなくなることがあります。

したがって、疲労を予防することは、悩みをなくしていくために、どうしても必要なことなのです。

疲労を予防する方法は幾《いく》つかあります。肉体の生理作用に着目した場合、体というものは、一定の割合で休息を与《あた》えると、よりいっそう効果的に仕事ができるようになっています。

人間の集中力は、たいてい一時間以上は続かないものです。集中力のある人でも二時間ないし三時間です。三時間を超《こ》えると、集中力は急速に衰《おとろ》えてきます。

現代では事務系統の仕事をしている人が非常に多くなっていますが、事務系統の仕事を朝から夜までしていれば、能率が落ちてくるのは当然のことです。特に、サラリーマンの場合、朝の八時半から夜の九時、十時まで仕事をしていることが多いわけですが、実際には、能率を考えると、書類仕事を一日に十二時間以上することは無理であるのみならず、無駄《むだ》に近い部分がそうとうあると思われるのです。

そこで、「どんなに頑張《がんば》っても集中力は三時間以上は続かないものだ」ということを、まず念頭に置いていただきたいのです。朝、仕事を始めてから、お昼休みまでは、まあ、よいでしょう。お昼からあとが特に問題です。がむしゃらに働く人もいるかもしれませんが、「集中力は三時間以上は続かない」ということを、常に念頭に置いてください。

したがって、仕事を始めてから二、三時間が経過したときには、ちょっとしたコーヒー・ブレイクを入れて、休みを取ることです。「その十分か十五分が惜《お》しい」と思う人は、実は残りの数時間を無駄にすることが多いのです。努力をして十分か十五分の休みを入れることです。

そのときに、お茶を飲むもよし、同僚《どうりょう》と軽くジョークを飛ばし合うもよし、少し精神を意図的にリラックスさせる訓練をしなければなりません。

そして、原則、重要な仕事は体調のいちばんよいときに行うことです。これは大事なことです。

「夜の六時以降になって、やっと重要な書類仕事を始める」というような人の場合には、非常にマイナスが多いのです。夕方から先は、一日のうちで、いちばん疲《つか》れている時間帯です。いちばん疲れているときには、重要な仕事をするべきではありません。

あえて何か仕事をしなければならないのならば、その時間帯には単純作業を残しておくことです。夕方以降には単純な整理仕事を残しておいて、「いちばん体調のよいときに、いちばん大切な仕事をする」という工夫《くふう》が大事です。

集中力が続くのは、大きくは三時間と言いましたが、小さく見れば、やはり一時間だと思います。「一時間集中するためには、五分ぐらいの小さなブレイクが必要だ」と私は思っています。したがって、「一時間のうち五十五分、集中的に仕事をしたならば、五分は神経を緩《ゆる》める」という考え方が必要です。

また、お昼休みには、体を横にしたり、ソファでくつろいだりできるような場所があるならば、遠慮《えんりょ》せずに体を休めることが大事だと思います。

一日中、長く働き続けるためには、特に大事な部分が二カ所あります。

一つは腰《こし》です。腰が痛んでくると、どうしても持久力がなくなります。また、集中力もなくなってきます。

そのため、腰を伸《の》ばす訓練が必要です。昼休みに体操をして腰を伸ばしてもよいですし、もし余裕《よゆう》があるならば、ソファに横になるなど、くつろぐ姿勢をとることが大事です。

こうした姿勢が大事なもののもう一つは足です。人間は体重が何十キロもありますが、足の裏は、ほんの小さな面積しか持っていません。この小さな面積に体重がかかると、普通《ふつう》は一時間以上立ち続けるのは難しいのです。しかし、現実には、いろいろなかたちで、数時間、立ち続けています。そのため、できるだけ足に体重をかけない時間をつくることも貴重な心掛《が》けなのです。

腰と足、この二つには特に注意してください。

もう一つ大切なのは目の使い方です。どうしても目が疲労してきます。目が疲労すると、頭脳にも影響《えいきょう》しますし、胃腸にも影響して神経質となり、いろいろな物事に対して被害妄想《ひがいもうそう》的に考えるようになってきます。したがって、目の疲労を最小限に抑《おさ》える工夫が必要になります。

そのためには照明も大事です。明るさを一定に保つことです。また、文字と目との間に二十センチ以上の距離《きょり》を取ることも大事です。

さらには、小さな活字をできるだけ避《さ》けることを考えてもよいかもしれません。「同じ内容の本が文庫本と単行本で出ているのならば、お金を多く出してでも大きな活字組みの本を買う」ということが、長い間では、目を悪くしないための努力として必要だと思います。ちなみに、幸福の科学の出版物は、目を大事にするよう十二分に工夫をして活字組みをしているつもりです。

目の問題は、知的生活を送る人間ならば必ず通過しなければならない関門です。目を十分に使い続けられるよう、工夫に工夫を重ねてください。

目の場合も腰や足とまったく同じであり、一定の時間、使ったならば、少し視線を外して目を休めることが大事です。よく休むことができたならば、目は長時間の使用に堪《た》えます。五時間、十時間と続けて使うのではなく、「一時間使えば少し休み、また一時間使えば少し休む」というかたちで使うならば、目は八時間でも十時間でも十分に使用に堪えるようになるのです。

腰と足、そして目――この三つに十分に気をつけ、疲労を予防していただきたいと思います。

あとがき

本書の成り立ちについて話をしておきましょう。

第5章から第10章までは、月刊「幸福の科学」の一九八九年七月号から十二月号にわたって六回続けて連載《れんさい》されたものです。そして、この連載のなかに、「仕事と愛」（第5章）があったのですが、これについて各方面から非常に大きな反《はん》響《きょう》がありました。

そこで、「この仕事の問題を、どのように考えていくのが、心の修行者《しゅぎょうしゃ》たちにとって大切なことなのか、これについて、私なりに答えを用意しなければならない」という気持ちになりました。「仕事は仕事、心は心」と二分法的に考えてやっていくことも可能でありますし、また、現にそうしている人は数多くおられるでしょうけれども、「いや、仕事と心の問題とは決して切り離《はな》せないものなのだ。それは本来一つのものであって、現れ方だけが違うのだ」という見地に立って、この仕事論を展開しなければならないと感じました。

そのため、特に第1章から第4章までを新たに書き下ろし、全体として一冊の書物として上梓《じょうし》したのです。

本書を手がかりにして、新しい時代のビジネス論が数多く花咲《さ》いていくことを、私は心から願っています。また、多くの読者のためにも、今後、この種の書物を、機会あらば、また続々と世に問い続けたいものだと思っています。何はともあれ、「仕事と愛」に発想を得て本書をまとめることができたことを、とてもうれしく思います。ご愛読を願う次第です。

一九九〇年一月

幸福《こうふく》の科学《かがく》グループ創始者兼総裁《そうししゃけんそうさい》　大川隆法《おおかわりゅうほう》

本書は左記の論考をとりまとめたものです。

第1章　仕事の本質　書き下ろし
第2章　仕事の方法　書き下ろし
第3章　出世の条件　書き下ろし
第4章　真のエリートとは　書き下ろし
第5章　仕事と愛　月刊「幸福の科学」一九八九年七月号
第6章　休日の効果　月刊「幸福の科学」一九八九年八月号
第7章　時間を活かす　月刊「幸福の科学」一九八九年九月号
第8章　人間の可能性　月刊「幸福の科学」一九八九年十月号
第9章　人生と余裕　月刊「幸福の科学」一九八九年十一月号
第10章　健康生活の秘訣　月刊「幸福の科学」一九八九年十二月号

本書は一九九〇年三月に小社より発刊された
『常勝思考ＰＡＲＴ２』を改訂し、改題したものです。

仕事《しごと》と愛《あい》 ――スーパーエリートの条件――

1990年 3 月25日　初　版
1996年 8 月15日　改　版第 1 刷
2012年 5 月17日　第三版第 1 刷
2022年 4 月22日　　　　第 2 刷

著　者　　大《おお》　川《かわ》　隆《りゅう》　法《ほう》

発行所　　幸福の科学出版株式会社

〒107-0052 東京都港区赤坂 2 丁目 10 番 8 号
TEL(03)5573-7700
https://www.irhpress.co.jp/

印刷　株式会社 研文社
製本　株式会社 ブックアート

落丁・乱丁本はおとりかえいたします

ISBN978-4-86395-198-3 C0030

大川隆法ベストセラーズ・ビジネスパーソンに贈る

不況に打ち克つ仕事法
リストラ予備軍への警告

仕事に対する基本的な精神態度から、ビジネス論・経営論の本質まで。才能を開花させ、時代を勝ち抜くための一書。

2,420円

リーダーに贈る「必勝の戦略」
人と組織を生かし、新しい価値を創造せよ

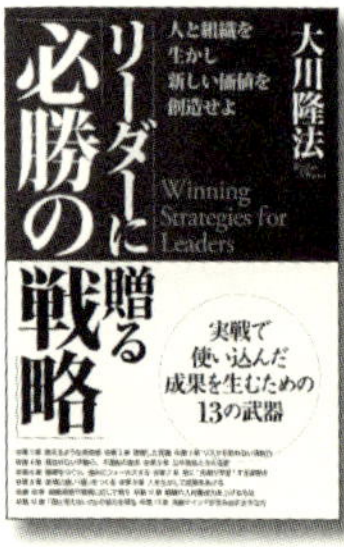

燃えるような使命感、透徹した見識、リスクを恐れない決断力……。この一書が、魅力的リーダーを目指すあなたのマインドを革新する。

2,200円

人格力
優しさと厳しさのリーダーシップ

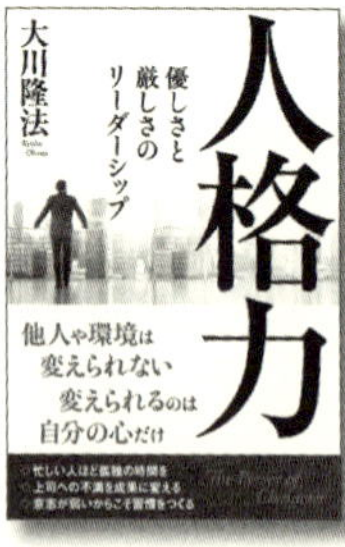

月刊「ザ・リバティ」に連載された著者の論稿を書籍化。ビジネス成功論、リーダー論、そして、日本を成長させ、世界のリーダーとなるための「秘術」が明らかに。

1,760円

感化力
スキルの先にあるリーダーシップ

人の心は、いつ、どのようにして動くのか——。愛や智慧、信頼感、そして感化力を磨き上げて、器の大きなリーダーになるための秘訣がこの一冊に。

1,650円

※表示価格は税込10%です。

大川隆法ベストセラーズ・経営論シリーズ

富の創造法

激動時代を勝ち抜く
経営の王道

豪華装丁
函入り

低成長期が30年近く続き、増税による消費不況が予想される今、企業は「正攻法」に立ち返るべきだ。日本を再度、勝ち組に戻すために編まれた経営書。

11,000円

経営と人望力

成功しつづける
経営者の資質とは何か

豪華装丁
函入り

年代別の起業成功法、黒字体質をつくるマインドと徳、リーダーの条件としての「人望力」など、実務と精神論の両面から「経営の王道」を伝授。

11,000円

経営とは、実に厳しいもの。

逆境に打ち克つ経営法

豪華装丁
函入り

危機の時代を乗り越え、未来を勝ち取るための、次の一手を指南する。「人間力」を磨いて「組織力」を高める要諦が凝縮された、経営の必読書。

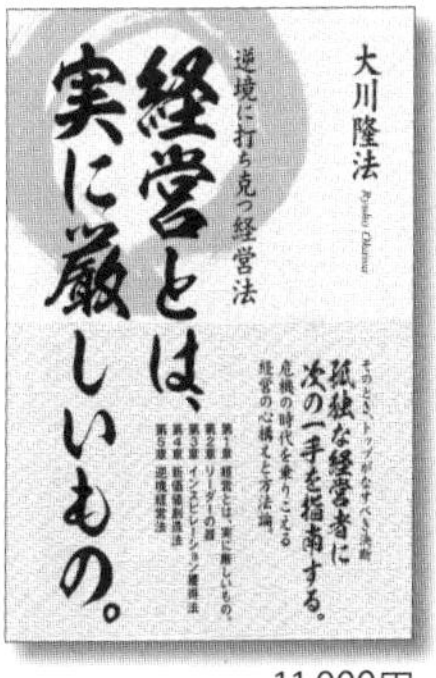

11,000円

幸福の科学出版

幸福の科学グループのご案内

宗教、教育、政治、出版などの活動を通じて、地球的ユートピアの実現を目指しています。

幸福の科学

一九八六年に立宗。信仰の対象は、地球系霊団の最高大霊、主エル・カンターレ。世界百六十カ国以上の国々に信者を持ち、全人類救済という尊い使命のもと、信者は、「愛」と「悟り」と「ユートピア建設」の教えの実践、伝道に励んでいます。

（二〇二二年四月現在）

愛

幸福の科学の「愛」とは、与える愛です。これは、仏教の慈悲《じひ》や布施《ふせ》の精神と同じことです。信者は、仏法真理をお伝えすることを通して、多くの方に幸福な人生を送っていただくための活動に励んでいます。

悟り

「悟り」とは、自らが仏の子であることを知るということです。教学《きょうがく》や精神統一によって心を磨き、智慧《ちえ》を得て悩みを解決すると共に、天使・菩薩《ぼさつ》の境地を目指し、より多くの人を救える力を身につけていきます。

ユートピア建設

私たち人間は、地上に理想世界を建設するという尊い使命を持って生まれてきています。社会の悪を押しとどめ、善を推し進めるために、信者はさまざまな活動に積極的に参加しています。

海外支援・災害支援

国内外の世界で貧困や災害、心の病で苦しんでいる人々に対しては、現地メンバーや支援団体と連携して、物心両面にわたり、あらゆる手段で手を差し伸べています。

自殺を減らそうキャンペーン

年間約２万人の自殺者を減らすため、全国各地で街頭キャンペーンを展開しています。

公式サイト **www.withyou-hs.net**

自殺防止相談窓口

受付時間　火～土:10～18時（祝日を含む）

TEL **03-5573-7707** メール **withyou-hs@happy-science.org**

ヘレンの会

ヘレン・ケラーを理想として活動する、ハンディキャップを持つ方とボランティアの会です。視聴覚障害者、肢体不自由な方々に仏法真理を学んでいただくための、さまざまなサポートをしています。

公式サイト **www.helen-hs.net**

入会のご案内

幸福の科学では、大川隆法総裁が説く仏法真理《ぶっぽうしんり》をもとに、「どうすれば幸福になれるのか、また、他の人を幸福にできるのか」を学び、実践しています。

入会

仏法真理を学んでみたい方へ

大川隆法総裁の教えを信じ、学ぼうとする方なら、どなたでも入会できます。入会された方には、『入会版「正心法語《しょうしんほうご》」』が授与されます。

入会ご希望の方はネットからも入会申し込みができます。

happy-science.jp/joinus

三帰《さんき》誓願《せいがん》

信仰をさらに深めたい方へ

仏弟子としてさらに信仰を深めたい方は、仏《ぶっ》・法《ぼう》・僧《そう》の三宝《さんぼう》への帰依を誓う「三帰誓願式」を受けることができます。三帰誓願者には、『仏説・正心法語』『祈願文《きがんもん》①』『祈願文②』『エル・カンターレへの祈り』が授与されます。

幸福の科学 サービスセンター
TEL 03-5793-1727（受付時間／火～金:10～20時 土・日祝:10～18時（月曜を除く））

幸福の科学 公式サイト
happy-science.jp

ハッピー・サイエンス・ユニバーシティ
Happy Science University

ハッピー・サイエンス・ユニバーシティとは

ハッピー・サイエンス・ユニバーシティ（HSU）は、大川隆法総裁が設立された「現代の松下村塾」であり、「日本発の本格私学」です。
建学の精神として「幸福の探究と新文明の創造」を掲げ、チャレンジ精神にあふれ、新時代を切り拓く人材の輩出を目指します。

人間幸福学部　経営成功学部　未来産業学部

HSU長生キャンパス TEL **0475-32-7770**
〒299-4325　千葉県長生郡長生村一松丙 4427-1

未来創造学部

HSU未来創造・東京キャンパス
TEL **03-3699-7707**
〒136-0076　東京都江東区南砂2-6-5

公式サイト **happy-science.university**

学校法人 幸福の科学学園

学校法人 幸福の科学学園は、幸福の科学の教育理念のもとにつくられた教育機関です。人間にとって最も大切な宗教教育の導入を通じて精神性を高めながら、ユートピア建設に貢献する人材輩出を目指しています。

幸福の科学学園
中学校・高等学校（那須本校）
2010年4月開校・栃木県那須郡（男女共学・全寮制）
TEL **0287-75-7777** 公式サイト **happy-science.ac.jp**

関西中学校・高等学校（関西校）
2013年4月開校・滋賀県大津市（男女共学・寮及び通学）
TEL **077-573-7774** 公式サイト **kansai.happy-science.ac.jp**

仏法真理塾「サクセスNo.1」

全国に本校・拠点・支部校を展開する、幸福の科学による信仰教育の機関です。小学生・中学生・高校生を対象に、信仰教育・徳育にウエイトを置きつつ、将来、社会人として活躍するための学力養成にも力を注いでいます。

TEL 03-5750-0751（東京本校）

エンゼルプランV

東京本校を中心に、全国に支部教室を展開。信仰をもとに幼児の心を豊かに育む情操教育を行い、子どもの個性を伸ばして天使に育てます。

TEL 03-5750-0757（東京本校）

エンゼル精舎

乳幼児が対象の、託児型の宗教教育施設。エル・カンターレ信仰をもとに、「皆、光の子だと信じられる子」を育みます。
（※参拝施設ではありません）

不登校児支援スクール「ネバー・マインド」

TEL 03-5750-1741

心の面からのアプローチを重視して、不登校の子供たちを支援しています。

ユー・アー・エンゼル！（あなたは天使！）運動

障害児の不安や悩みに取り組み、ご両親を励まし、勇気づける、障害児支援のボランティア運動を展開しています。

一般社団法人 ユー・アー・エンゼ
TEL 03-6426-7797

NPO活動支援

学校からのいじめ追放を目指し、さまざまな社会提言をしています。また、各地でのシンポジウムや学校への啓発ポスター掲示等に取り組む一般財団法人「いじめから子供を守ろうネットワーク」を支援しています。

公式サイト mamoro.org　ブログ blog.mamoro.org
相談窓口 TEL.03-5544-8989

百歳まで生きる会～いくつになっても生涯現役～

「百歳まで生きる会」は、生涯現役人生を掲げ、友達づくり、生きがいづくりを通じ、一人ひとりの幸福と、世界のユートピア化のために、全国各地で友達の輪を広げ、地域や社会に幸福を広げていく活動を続けているシニア層（55歳以上）の集まりです。

【サービスセンター】TEL 03-5793-1727

シニア・プラン21

「生涯現役人生」を目指すための「百歳まで生きる会」の養成部門として、活動しています。心を見つめ、新しき人生の再出発、社会貢献を目指しています。

【サービスセンター】TEL 03-5793-1727

幸福実現党

内憂外患《ないゆうがいかん》の国難に立ち向かうべく、2009年5月に幸福実現党を立党しました。創立者である大川隆法党総裁の精神的指導のもと、宗教だけでは解決できない問題に取り組み、幸福を具体化するための力になっています。

幸福実現党 釈量子サイト
shaku-ryoko.net
Twitter **釈量子@shakuryoko**で検索

幸福実現党 党員募集中

あなたも幸福を実現する政治に参画しませんか。

＊申込書は、下記、幸福実現党公式サイトでダウンロードできます。
住所：〒107-0052　東京都港区赤坂2-10-8 6階 幸福実現党本部
TEL **03-6441-0754**　FAX **03-6441-0764**
公式サイト **hr-party.jp**

HS政経塾

大川隆法総裁によって創設された、「未来の日本を背負う、政界・財界で活躍するエリート養成のための社会人教育機関」です。既成の学問を超えた仏法真理を学ぶ「人生の大学院」として、理想国家建設に貢献する人材を輩出するために、2010年に開塾しました。現在、多数の市議会議員が全国各地で活躍しています。

TEL **03-6277-6029**
公式サイト **hs-seikei.happy-science.jp**

出版 メディア 芸能文化 幸福の科学グループ

幸福の科学出版

大川隆法総裁の仏法真理の書を中心に、ビジネス、自己啓発、小説など、さまざまなジャンルの書籍・雑誌を出版しています。他にも、映画事業、文学・学術発展のための振興事業、テレビ・ラジオ番組の提供など、幸福の科学文化を広げる事業を行っています。

アー・ユー・ハッピー?
are-you-happy.com

ザ・リバティ
the-liberty.com

幸福の科学出版
TEL **03-5573-7700**
公式サイト **irhpress.co.jp**

THE FACT
ザ・ファクト
マスコミが報道しない「事実」を世界に伝えるネット・オピニオン番組

ザ・ファクト 検索

NEW STAR PRODUCTION

ニュースター・プロダクション

「新時代の美」を創造する芸能プロダクションです。多くの方々に良き感化を与えられるような魅力あふれるタレントを世に送り出すべく、日々、活動しています。 公式サイト **newstarpro.co.jp**

ARI Production

ARI《アリ》 Production《プロダクション》

タレント一人ひとりの個性や魅力を引き出し、「新時代を創造するエンターテインメント」をコンセプトに、世の中に精神的価値のある作品を提供していく芸能プロダクションです。 公式サイト **aripro.co.jp**

大川隆法　講演会のご案内

大川隆法総裁の講演会が全国各地で開催されています。講演のなかでは、毎回、「世界教師」としての立場から、幸福な人生を生きるための心の教えをはじめ、世界各地で起きている宗教対立、紛争、国際政治や経済といった時事問題に対する指針など、日本と世界がさらなる繁栄の未来を実現するための道筋が示されています。

2021 年 12 月 14 日 さいたまスーパーアリーナ
「地球を包む愛」

2019年7月5日 福岡国際センター
「人生に自信を持て」

2019年10月6日 ザ ウェスティン ハーバー キャッスル トロント(カナダ)
「The Reason We Are Here」

2011 年 3 月 6 日 カラチャクラ広場(インド)
「The Real Buddha and New Hope」

2019 年 3 月 3 日 グランド ハイアット 台北(台湾)
「愛は憎しみを超えて」

講演会には、どなたでもご参加いただけます。
最新の講演会の開催情報はこちらへ。 ⟹ 大川隆法総裁公式サイト https://ryuho-okawa.org